「リーダーシップ基礎」入門

——傾聴力・対話力・交渉力・説得力を鍛える!

慶應義塾大学法学部教授

田村次朗

東京書籍

「リーダーシップ基礎」入門

—— 傾聴力・対話力・交渉力・説得力を鍛える！

田村次朗　著

東京書籍

はじめに

　リーダーシップは、学ぶことによって習得できる。

　こう書くと、少し前に生まれた人は驚き、そして「そんなことはあり得ない」と思うかもしれない。少し前までは、「リーダーシップ」とは「リーダーが持つべき資質や能力」と考えられていたからである。したがって、「リーダーシップ」という言葉は、リーダーの立場にはない人にとっては関係も関心もないものであり、せいぜいリーダーの立場にある人について論評するとき使う程度だった。例えば、「彼はリーダーシップを発揮している」と誉めそやしたり、逆に「あいつはリーダーシップに欠ける」と言って批判したりするだけだった。

　しかし、私は、今の若者にはリーダーシップを学ぶことは「当たり前のこと」だと考えてほしいと願っている。なぜなら、今やすべての人がリーダーシップを学んだほうがいい時代になっているからである。つまり、多くの人がリーダーシップを発揮することが求められるようになっているということである。

　なぜそのようなことが起きているのだろうか。それは、戦争やパンデミック、地球温暖化など世界は混沌の度合いを深めていて、リーダーの立場にある人に任せているだけではこれらの問題や課題を解決することが難しくなっているからである。

　ハーバード大学をはじめとする海外の研究者たちは、「リーダーシップ」とは、個人が参加して行う組織の意思決定のプロセスであり、また複数人の交流によって生ずる影響力であると

考えるようになっている。

　では、多くの人がリーダーシップを学ぶためにはどうしたらいいだろうか。

　1つには、中学・高校や大学でリーダーシップを学ぶ機会をつくることである。社会人に向けた「リーダーシップ教育」を行う組織があることはインターネットで調べればわかる。しかし、私はもう少し早い段階からリーダーシップ教育を行ったほうがいいと考えている。そして、実際に大学では、リーダーシップに関するプログラムや授業を開講したり、高校生向けの講座なども展開したりしている。

　具体的には、大学では、2009年から2019年にかけて、「慶應義塾創立150周年記念事業」の一環として「福澤諭吉記念文明塾」というプログラムを実施した。このプログラムは、慶應義塾の学生だけでなく、一般の社会人や他大学の学生も参加して、日本や世界の未来に貢献する人々（これを福澤は「先導者」と言っている）を育成することを目的に行われたものである。

　さらに、大学での授業としては、2015年から現在まで「リーダーシップ基礎」を開講している。これは慶應義塾のすべての学生が受講可能な授業で、文系学部の学生と医学部・理工学部などの学生が同じ場所で同じ内容で学ぶかたちの授業である。

　私が行ってきたこれらの教育は、現在でいう「多様性（ダイバーシティ）」を意識したものであり、学生たち（や社会人たち）には、その中で適切な方法で対話したり、交渉したりする力、

いわば「リーダーシップ基礎力」を磨いてほしいとの思いで行ってきたものである。さらに、2022 年 4 月には「慶應リーダーシップセンター」を創設して、リーダーシップについての研究・教育を深めるとともに、海外のリーダーシップ研究の成果なども紹介しているので、ぜひ HP（https://keioleadershipcenter.com）を参照していただきたい。

　実は、これまで日本の教育は、知識を重視し、正しい答えを探すという発想で行われてきた。このような教育方法を「ハードスキル重視教育」と呼ぶが、従来型の日本の教育ではリーダーシップを学ぶことは難しいかもしれない。社会に出ればすぐわかるように、「世の中には唯一の正解などない」からである。そして、リーダーシップとはより良い解決策を模索したり、解決不能と思われる問題を解決に向けたりするためのプロセスだからである。
　リーダーシップを学ぶうえで必要なことは、対話を重視した「アクティブ・ラーニング」である。教える側が一方的に講義するのではなく、学ぶ側が全員で、あるいはグループに分かれて話し合いを行いながら、さまざまな問題の解決に向けて考えることが大切である。唯一の正解などない問題への取り組みを、学ぶ側が主体となって行うという発想で行われる教育を「ソフトスキルも重視した教育」と呼ぶ。

多くの人がリーダーシップを学ぶために必要なもう1つのことは、リーダーシップについてのわかりやすい書物が存在することだろう。「リーダーシップ」というタイトルの書物は、汗牛充棟のごとく公刊されている。しかし、そういう中にあって、本書は大学生や高校生などの若い世代を対象にして、リーダーシップの基礎とともに最新の研究成果なども紹介している。その点で他の著作とは一線を画している。

　ちなみに本書は、慶應義塾大学での大学生に向けた授業「リーダーシップ基礎」をもとにつくられている。

　本書の構成は以下の通りである。

　第1章（「リーダーシップとは何か？」）では、「リーダーシップ」とは、「リーダー」が持つべき資質や能力である（「狭義のリーダーシップ」）と同時に、リーダーを含むすべての人が持つべき能力や資質であること（「広義のリーダーシップ」）を説明する。さらに、リーダーシップについての最新の研究を紹介する。

　続く第2章から第6章までは、リーダーシップの4つの基礎力である「傾聴力」、「対話力」、「交渉力」、「説得力」についての解説である。

　まず第2章（「傾聴力とリーダーシップ」）では、相手の話を傾聴することが大切であること、また、傾聴するためには「質問力」と「ものごとを論理的に考える力」が重要であること、さらに「傾聴力」を生かすことによる「コーチング」がリーダー

シップの基礎力として欠かせないことを解説する。

第3章（「対話力とコミュニケーション」）では、対話はコミュニケーションの基本であり、対話力はリーダーシップの3つの基礎力（「傾聴力」、「交渉力」、「説得力」）の基本であることを詳しく説明する。

第4章（「対話力で集団力学を発揮する」）は、対話力の実践編である。具体的には、会議（あるいはミーティング）では、対話力を発揮することによって、より良い解決策という新しい価値創造が可能になることを「SPICE」というツールを使って説明する。SPICEとは、「状況把握・利害関係者」、「視点獲得」、「課題設定」、「創造的選択肢」、「評価・意思決定」の英語の頭文字を並べたものである。

第5章と第6章は交渉力についての実践的解説に充てられている。

第5章（「交渉力でWIN-WINを実現する」）は、交渉では「交渉力」を発揮することによってはじめて、双方ともに満足できる「三方よし」の結果を得ることができることを詳しく説明する。そして第6章（「交渉力とコンフリクト・マネジメント」）では、交渉で深刻な対立状況（コンフリクト）に直面したときに、どのような心構えでどのように対処したらいいかについて説明する。

第7章（「新たなリーダーシップの時代へ」）では、リーダーシップの4つ目の基礎力である「説得力」について説明したあとで、

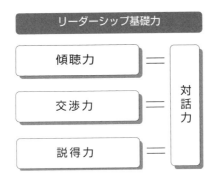

最新の2つの新しいリーダーシップ論について紹介する。1つは問題（あるいは課題）がどのようなものであるかを判別して適切に対処することを重視する「アダプティブ・リーダーシップ」であり、もう1つは、それに加えてステレオタイプのリーダーシップではなく自分らしさという要素が重要であることを指摘する「オーセンティック・リーダーシップ」である。

　繰り返しになるが、リーダーシップの「4つの基礎力」の中で、「対話力」は他の3つの基礎である。その「対話力」については、隅田浩司・東京富士大学経営学部教授との共著である『リーダーシップを鍛える「対話学」のすゝめ』（東京書籍）を読んでいただけるとよりいっそう理解が深まるはずである。

2023年2月

田村　次朗

目次

恵」と対話／「対話」を行う際の２つのポイント／対話
の前提となる「熟慮」／「熟慮」するために必要な３つ
のこと／「対話」と「ブレインストーミング」／「対話」
不全になるケース――パワープレイと承認欲求／「悪魔
の弁護人」を使う／「対話」のある社会へ

リーダーシップの時代

第 **1** 章

リーダーシップとは
何か？

リーダーシップとは何だろうか？

　「リーダーシップ」という言葉を私たちは日常でよく使う。
例えば、「A さんはリーダーシップを発揮して揉め事をうま
く解決した」とか、「K さんが何事も決められないのはリー
ダーシップが欠如しているから」という具合である。
　「A さん」も「K さん」もリーダーである。そして、「A
さんがリーダーシップを発揮した」ということは、A さん
が「良きリーダーである」といっているのと同じことである。
また、「K さんはリーダーシップが欠如している」というこ
とは、K さんが「望ましいリーダーとはいえない」といって
いるのと同じことである。つまり、リーダーとリーダーシッ
プという言葉は不可分のものとして使われている。
　このようにリーダーと直接結びつけられたリーダーシップ
を「狭義のリーダーシップ」と呼ぶ。
　企業や官公庁、あるいは教育機関がピラミッド型組織で成
り立っている場合には、トップをはじめとしてそれぞれの階
層にいるリーダーが、リーダーシップを発揮することによっ
て組織としての意思決定が行われる。
　しかし、インターネットが急速に進展し、グローバル化を
避けられない今の世の中では、複雑で一筋縄では解決できな
い問題が山積して、ピラミッド型組織では対応できなくなっ
ている。たとえ優秀であってもリーダーだけに意思決定を委
ねることはできないのである。さらにいえば、現在のビジネ
ス状況や国際政治状況を見れば明らかなように、トップリー

ダーだけに意思決定を委ねることはむしろ危険でさえある。

　現在必要とされているリーダーシップとは、リーダーを含む組織全体が行う意思決定プロセスそのものであり、組織内の複数の人々の交流により生じる影響力のことである。

　このようにリーダーだけではなく、組織を構成するすべての人が持つべき資質や能力を「広義のリーダーシップ」と呼ぶ。

1 リーダーとリーダーシップ

「リーダー」という言葉の語源は「リート」

　一般的には、リーダーとリーダーシップは切り離して考えることができないと考えられている。そこで、まずは、「リーダー」についての説明から始めることにしよう。

　『ケンブリッジ英語辞書（Cambridge Dictionary）』によれば、リーダーとは「グループ、国、または状況を管理する人物」である。また、『ブリタニカ国際大百科事典』では、リーダーとは、「計画、説得、組織化の活動を通じて集団の統合を維持し、集団の課題達成に方向づけをする役割を担う者」である。

　ハーバード大学のロナルド・ハイフェッツ教授（＊1）は、リーダー（leader）という言葉はインド・ヨーロッパ語のリート（leit）を語源としているとして、次のように説明している。リート（leit）とは、戦場に向かう部隊の先頭に立って旗を運ぶ人物のことであり、彼らは戦場では敵の攻撃を受けて最初に犠牲になることが多い。つまり、リートは自らが犠牲になることによって、味方の部隊に危険があることを知らせる役割を果たしたというのである。

　＊1　【ロナルド・A・ハイフェッツ（Ronald A. Heifetz）（1951年～）】ハーバード・ケネディスクール（行政大学院）上級講師。同パブリックリーダーシップセンター共同創設者。独創性に富んだリーダーシップの教育と実践手法は世界中から高く評価されている。

それが転じて、リーダーは、戦場で先頭に立って敵の動向を見据えて、機を見て味方とともに敵陣に乗り込む人物を意味するようになった。さらに、14世紀以降は、グループや集団を代表し、統率し、先導する人物を意味する言葉として「リーダー」が使われるようになったといわれている。

「リーダー」とは地位や立場である

　現在、さまざまなところに「リーダー」が存在する。政治の分野でのリーダーは、日本であれば首相であり、米国では大統領だと考えられる。経営の分野のリーダーとしては、多くの人が社長や創業者をイメージするだろう。教育領域では、校長やクラス担任の先生、大学の学長やゼミの担当教授などがリーダーと考えられている。

　ここで1つの疑問が浮かび上がる。それは、なぜ彼らは「リーダー」と呼ばれるかということである。その疑問に対する答えは明確である。それは、彼らは国や会社や学校などを代表し、統率し、先導しているからである。しかし、さらに次の疑問が浮かび上がってくる。それは、彼らはなぜ、代表し、統率し、先導しているのかという疑問である。その疑問に対する答えもすぐに出る。それは、彼らが「リーダーとしての地位や立場にあるから」ということである。

　「リーダー」は、「リーダー」としての地位や立場にあるがゆえに、「リーダー」なのである。したがって、優秀なリーダーもいれば優秀とはいえないリーダーもいる。また、組織の中に

は、リーダーではないけれども優秀な人も数多くいる。弛まぬ努力を重ねて「リーダー」になった人もいれば、努力をしてもリーダーになれない人もいる。つまり、本人が優秀かどうか、あるいは自らが勝ち得たのかどうか、さらには他者から与えられたものかどうかは別にして、「リーダー」とは、与えられた「地位」や「立場」だということである。

　例えば、現在、会社で「リーダー」の地位や立場にある人も、定年を迎えてその地位や立場から離れると、「リーダー」とは呼ばれなくなる。「リーダーシップ」を考えるうえで重要なことなのであえて繰り返すが、「リーダーとは地位や立場」なのである。

リーダーとはつき従う者がいる人

　ところで、現代経営学の生みの親といわれるピーター・ドラッカー（＊2）によれば、「リーダーとはつき従う者がいる人」である。「つき従う人」をフォロワーと呼ぶ。そして、フォロワーがリーダーにつき従うのは、権威を持っているからでもなく、家柄や役職や学歴が優れているからでもない。フォロワーは、組織やグループで意思決定を行うリーダーの真意を理解し、全

＊2　【ピーター・ファーディナンド・ドラッカー（Peter Ferdinand Drucker）（1909年〜2005年）】オーストリアのウィーン生まれのユダヤ系オーストリア人。経営学者。「マネジメント」の生みの親であるといわれている。1931年、法学博士号を取得（ドイツ・フランクフルト大学）。その後、1942年には米国、バーモント州のベニントン大学の教授に赴任し、米国国籍を取得。ニューヨーク大学（現、スターン経営大学院）、クレアモント大学院大学などの教授を務める。

幅の信頼を置いて、自らの意思で従うというのである。

　ドラッカーの定義に従えば、地位や立場による権威を持つ人であっても、自らの意思でつき従うフォロワーがいなければ、リーダーとはいえないことになる。実際、「リーダー」という地位や立場にある人に、自らの意思でつき従うフォロワーがいる人は必ずしも多くはないかもしれない。

　では、なぜ、立場上あるいは地位としての「リーダー」に「自らの意思」でつき従おうとするフォロワーがいないということが起きるのだろうか。簡潔にいえば、それは、そのリーダーに「リーダーシップ」が欠けているからである。「リーダーシップに欠けるリーダーにはつき従う者がいない」というのは、いかにも当たり前のことである。リーダーにはリーダーシップが不可欠だということである。

狭義のリーダーシップ

　では、「リーダーシップ」とは何だろうか。『広辞苑』で「リーダーシップ」という言葉を引くと、「指導者としての地位または職責。指導権。主導権。統率力。指導者としての能力・資質」という説明が出てくる。つまり、「リーダーシップ」とは「リーダーの資質や能力」である。これは、疑いの余地のない「リーダーシップ」の定義である。

　実は「リーダーシップ」については、長い間さまざまに定義する試みがなされてきた。

　例えば、今から 70 年以上前には、米国の心理学者ラルフ・

ストグディル（Ralph M. Stogdill）は、リーダーが持つべき特性として、「公正」、「誠実」、「思慮深さ」、「公平」、「機敏」、「独創性」、「忍耐」、「自信」、「ユーモアの感覚」など124もの項目を挙げたうえで、特に重要なのは、「知性」、「学力」、「信頼感」、「活動力」、「意欲」、「社会的経済的地位」であるという研究結果を発表している。しかし、定義が124項目もあるということ自体が、リーダーが持つべき特性のコンパクトなわかりやすい説明が難しいことを示唆している。

　その後、さまざまな研究者が、リーダーが持つべき特性や能力についての検証を行ったが、リーダーとして絶対的に必要な特性や能力を特定することはできなかった。ストグディル自身も後に、リーダーに求められる特性や能力は、そのリーダーが活動している状況の諸要求によって左右されるとして、「リーダーシップの定義の数は、それを試みた人の数と同じくらいたくさんのさまざまなものがある」（＊3）と述べている。

　しかし、ここでまたもや1つの疑問が浮かぶ。それは、「リーダー」がいなければ「リーダーシップ」は存在しないのだろうかという疑問である。換言すれば、リーダーが存在しないフラットな関係の集団で行われた意思決定について、その構成員が相互に真意を理解し、相互に全幅の信頼を置いて、強制されずに、自らの意思で従うということはないのだろうかということである。

　＊3　ストグディルは「Handbook of Leadership - A Survey of Theory and Research」（『リーダーシップ事典』）を1974年に出版。リーダーシップに関する書物や論文を5,000以上収集・分析し、約3,000の事例を収集。

例えば、同い年の友人数名でキャンプに行く相談をしている
ケースを考える。彼らの関係はフラットであり、そこにリーダー
は存在しない。しかし、話し合いの結果、みんなでキャンプに
出掛ける日時や場所が決まった。つまり、互いに真意を理解し、
全幅の信頼を置いて、自らの意思で従う行動の具体的なスケ
ジュールを決めることができたのである。リーダーは存在しな
いにもかかわらず、あたかも「見えざるリーダーシップ」が発
揮されたように、1つの意思決定が行われたのである。

　すでに今から40年以上も前に、社会心理学者の三隅二不二
は、以上のような事例を紹介しながら、リーダーが存在してい
ない集団にも「リーダーシップ」を見出すことができると指摘
している(＊4)。

　本書では、「リーダー」が持つべき資質や能力を「狭義のリー
ダーシップ」と呼び、リーダーだけではなく組織や集団のすべ
ての構成員が持つべき資質や能力を「広義のリーダーシップ」
と呼ぶことにする。

▎狭義のリーダーシップから広義のリーダーシップへ

　話を一気に400年前に戻すと、日本の戦国時代のリーダーと
いわれる織田信長、豊臣秀吉や徳川家康は、特別な才能に恵ま
れ、的確な判断力と類まれな説得力を持ち、個人あるいは集団
を絶対的に支配するリーダーだった。このような人を「専制的
リーダー」と呼ぶ。専制的リーダーは類まれなリーダーシッ

＊4　『リーダーシップ行動の科学』(改訂版)、三隅二不二著 (有斐閣、1984年)。

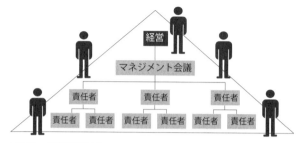

図1　ピラミッド型組織の例

プ（「狭義のリーダーシップ」）を発揮したのである。だからこそ、支配された側（個人あるいは集団）は、自発的にではないかもしれないがリーダーにつき従うことによって、戦乱や貧困などさまざまな不安から解放されようとしたと考えることができる。

　しかし今、「リーダー」の立場や地位にある多くの人は、期待されているリーダーシップを発揮できていないといわれている。なぜ、そのようなことが起きているのかといえば、その原因の1つとして、社会の組織構造が現実の状況に合わなくなっていることがあげられる。

　どういうことなのか簡単に解説しよう。

　現在の企業・官公庁・学校などの多くは「ピラミッド型組織」（図1）になっている。いわば「指揮統制型」の組織形態であり、このような組織の頂点には「トップリーダー」がいて、その下に複数の「チームリーダー」がいる。トップリーダーは各部署のチームリーダーに向かうべき方向を指示し、所定の成果を上げることを期待する。チームリーダーはそれぞれの担当部署を管理し、構成員に対して向かうべき方向を示し、所定の成果を

あげることを期待する。そして、各部署の構成員は、チームリーダーの指示に基づいて行動するというのが、ピラミッド型組織の行動原理となっている。

　要するに、組織のトップリーダーとチームリーダーが、地位や立場として与えられた権威に基づいて、組織を指揮・統制し、さまざまな決定を行っているのである。このような組織では、それぞれのリーダーがその資質や能力である「リーダーシップ」（狭義のリーダーシップ）を発揮することによって、組織のさまざまな問題に対応することができることになる。

　しかし現在、ピラミッド型組織そのものについて、いくつかの欠陥が指摘されるようになっている。例えば、人と人との関係が地位や階級によって規定されていて十分なコミュニケーションをとることができないこと、トップダウンの意思決定を行うリーダーに対して組織構成員が必ずしも信頼感を持てないことや、組織構成員が意思決定に参加ができないことによる不満が出ていることなどである。つまり、ピラミッド型組織そのものに対する不信感が生まれているために、組織のリーダーは期待されているリーダーシップを発揮することができない状況にあるということである。

▍VUCA（ブーカ）の時代に必要なリーダーシップ

　リーダーがリーダーシップを発揮することができないもう1つの原因がある。それは、世界規模あるいは地球規模で不確実性が高まっていることである。

現代は VUCA（ブーカ）の時代と呼ばれる。VUCA とは、Volatility（変動性）・Uncertainty（不確実性）・Complexity（複雑性）・Ambiguity（曖昧性）の頭文字を並べた造語で、未来の予測が難しくなる状況のことを意味している。常に変動し、不確実性に満ち、さまざまな要素が組み合わさり、きわめて複雑で、曖昧模糊としている世界、それが現代社会である。（➡コラム1）

例えば、地球環境問題については 30 年以上も前から警鐘が鳴らされ、徐々に国際協調体制がとられつつあるものの、いまだ解決の糸口すらほとんど見えていない。2019 年に中国に端を発した新型コロナウイルスは、さまざまに変異して世界中で猛威を振るい、パンデミック終息の気配はいまだ見えていない。2022 年 2 月のロシアによる軍事侵攻は、2023 年 1 月現在も終結することなく続き、その結果としてエネルギー価格を上昇させるなど、国際政治的・経済的にさまざまな衝撃を世界規模で与え続けている。

このような時々刻々と生まれ、そして常に変化を繰り返す世界規模の難問に対しては、ピラミッド型組織では対応できないことは明白である。しかし、私たちは、今を生きている人々のためにも、そして未来の世代のためにも、仮に解決不能と思える問題であっても、これを避けて通ることはできない。あらゆる難問に立ち向かい、これを 1 つずつ解決できなければ、日本そして世界の持続可能性は見えてこないからである。

VUCA の時代の「DNA 経験」

VUCA は元々、1989 年のベルリンの壁崩壊とそれに続く東西冷戦終結によって、従来の米ソ 2 国間の核兵器ありきの軍事力中心の戦略から、より不透明で混沌とした時代に対応する戦略へと、安全保障の考え方が変わった 1990 年代の状態を表す軍事用語だった。その後、2001 年の米国同時多発テロや 2008 年のリーマン・ショックを経て、変化が激しく不透明な社会情勢全般を表現する言葉として広く使われるようになった。

Google 社のデビッド・ピーターソン氏は、VUCA の時代のリーダーは積極的に「VUCA な経験」を積んでいくことが重要だと主張する。「VUCA な経験」とは、多様（Diversity）で斬新（Novelty）で逆境的（Adversity）な体験であり、それぞれの頭文字をとって「DNA 経験」と呼ぶ。

DNA 経験を実際の学びとして修得するには、定期的な内省（振り返り）が欠かせない。そのための前提条件として、継続的に経験と内省を安心して繰り返していける心理的安全性が十分に確保された環境づくりを整備することが不可欠となる。

したがって、これからのリーダーシップの育成には、心理的安全性が十分に確保された状況下で、DNA 経験と内省を繰り返すことができる環境を整備することが重要となる。(＊5)

＊5 『コロナ禍を生き抜くためのリーダーシップ育成法』世界のリーダーシップ研究最前線 No.1、田村次朗・渡邊竜介（著）（2020 年）。

広義のリーダーシップの定義

　実は現在、さまざまな研究によって、リーダーシップに関する定義については、多くの学者の間でいくつかのコンセンサスができつつある。それは、「広義のリーダーシップ」の定義である。

　その1つは、リーダーシップは特定の資質や地位に依存するものではなく、組織あるいは集団として行う「意思決定のプロセス」として発揮されるという考え方である。つまり、組織や集団が何らかの意思決定を行う過程で発揮されるべき資質や能力が「リーダーシップ」だということである。したがって、リーダーを含めた組織あるいは集団の「意思決定のプロセス」がうまく行われれば「リーダーシップ」が発揮されたことになる。この定義に従えば、「リーダーシップ」は「リーダー」だけに必要な資質や能力ではなく、リーダーを含む組織構成員全員が持つべき資質や能力ということになる。

　この定義にはいくつかのメリットがある。1つには、個人が生まれながらに持つ資質や特定の人だけが持つ地位や立場などとは無関係に、組織の意思決定に誰もが関与ができるようになることである。また、「意思決定のプロセス」は文字や画像・映像などによって可視化することができる。その結果として、組織の「意思決定のプロセス」がより理解しやすくなるとともに、客観的な評価も行いやすくなる。さらにいえば、「意思決定のプロセス」は、誰もが学ぶことができ、体得できるようになるというメリットがある。

コンセンサスを得つつある「リーダーシップ」のもう1つの定義は、リーダーシップとは「複数人の交流により生じる影響力」という考え方である。すなわち、リーダーシップとは、特定の一個人からグループの構成員に対してトップダウン的に発揮するものではなく、グループ内で相互に生じる流動的で発展的な影響力だという考え方である。したがって、特定の一個人であるリーダーに全面的に依存するのではなく、グループに所属する誰もが、それぞれの特性を活かして、相互に影響力を与え合うことが必要になる。そうすることによってリーダーシップが発揮されるのである。

2 最新のリーダーシップの研究動向

人の知性や能力は一生をかけて成長する

さて、VUCA の時代のさまざまな課題に適応するためには、「狭義のリーダーシップ」ではなく「広義のリーダーシップ」を発揮しなくてはならないことがわかった。つまり、リーダーを含めてみんながリーダーシップを発揮できるようにならなくてはならないということである。

では、どうすればみんなが「広義のリーダーシップ」を発揮できるようになるのだろうか。そのために基本的に必要なことは、個人や社会にしみ込んだ旧来の価値観や世界観から転換することである。ものごとを判断し行動する際の「基本的な考え方や思考パターン」を大転換するのである。

人や集団の中ですでに確立している思考様式や価値観を転換することは容易なことではない。多くの人にとっては、現在の行動様式や価値観が当たり前のものだからである。しかも、人は新しい何かを得ることよりも、失うことの悲しみや苦しみのほうを大きいと感じるという性質を持っていて、できるだけ「損失」を避けようとする。したがって、旧来の価値観や世界観をなかなか手放そうとしない。

しかし、私たちは不確実性に満ちたカオスの時代を生きていかなければならない。つまり、今持っている思考パターンや価

値観を大転換させなくてはならない。そうしなければ日本や世界の将来や未来の姿を描くことはできないからである。

　このような問題意識は、世界的に共有されていて、リーダーシップ研究の領域では、さまざまな研究成果が報告されている。以下では、その中から興味深い3つの研究を紹介することにしたい。

▎成人の発達段階論

　1つは、著名なリーダーシップ研究者の一人であるジェニファー・バーガー（＊6）氏の「成人の発達段階論」である。バーガー氏によれば、人は大人になっても知性や能力を成長させることができるという。「成人の発達段階論」は、ハーバード大学のロバート・キーガン教授（＊7）の「人の発達・成長の5段階論」（➡p.34コラム2）をベースにしたもので、大人は生涯にわたって4つの段階を経つつ徐々に発達していくという。

　第1は、「自己中心マインド」の段階である。人は人生の初期段階においては自分自身の価値観や欲求についてしか考えられない。この段階の人にとって自分以外の他者は謎の存在であり、単に自分の欲求や希望を満たす味方か、それともそれを阻

＊6　【ジェニファー・バーガー（Jennifer Berger）】成人の発達、複雑さ、リーダーシップの交差点について執筆および研究をしている。リーダーシップコンサルタント会社「Cultivating Leadership」のCEO。

＊7　【ロバート・キーガン（Robert Kegan）（1946年〜）】米国の発達心理学者。人が成人以降も心理面で成長し続けることは可能であり、現代社会のニーズにこたえるためにもそれが不可欠という認識を広めてきた。

成人の発達段階

- **自己中心マインド** 人生の初期段階では、我々は自分自身の価値観や視点でしか世の中を見られない。こうした人にとって他人は謎の存在。

そして、徐々に大人になっていく過程で、

- **社会化マインド** グループや社会との関係の中に自分を見いだすようになり、そうした世の中の価値観を自分のものとするようになる。

そして、一部の大人は、

- **自己主導マインド** 世の中の同調圧力から一定の距離を置き、自分自身の人生・成功の定義、つまり自己というものを描き始めるようになる。

そして、ほんの一部の大人が、

- **自己変容マインド** 不確実で矛盾に溢れる現実の中で、他者と共生して新しい社会を築き始めるようになる。

図2　成人の発達段階論（ジェニファー・バーガー）　Jennifer Berger & Eman Bataineh、"Using Adult Development Ideas to Grow Ourselves" より筆者が和訳し、一部修正。

む敵かという「二者選択」で考えることが多い。

　第2は、「社会化マインド」の段階である。徐々に大人になっていく過程で、そうした自己中心的な思考では得られないものが多いことを認識するようになる。そして、自分1人では手に入れられないものや実現できないことを具現化するために、グループや集団に所属しようとする。そのためには、グループの期待や規律を意識する必要があり、徐々にそれを自分の価値観と同化するようになっていく。この段階の大人は、所属する組織にとって忠実で有能な構成員となり得る。そして、ピラミッド型組織に所属する多くの人はこの段階にとどまっている。

　第3段階は、「自己主導マインド」である。一部の大人は、

所属するグループの価値観に同化するだけでは物足りなさを感じ、所属するグループの同調圧力からも一定の距離を置き、自分自身の人生を描き始めるようになる。

第4段階は、「自己変容マインド」である。一部の大人は、そうした自分が描いた自己の限界を知り、他者の多様性を受け入れて共生できる社会をつくろうとするようになる。そして、これからの複雑化する社会課題に適応するために、自らを変容させようとする。

この「成人の発達段階論」(図2)を「リーダーシップ」に当てはめて考えると、第3段階の自己主導マインドに到達した人は「広義のリーダーシップ」を発揮できるようになり、第4段階の自己変容マインドに到達した人が集まる組織では、「広義のリーダーシップ」が十分に発揮されるようになることがわかる。(＊8)

台頭するフォロワーと弱体化するリーダー

リーダーとリーダーシップに関する興味深い最新の研究成果のもう1つは、ハーバード大学のバーバラ・ケラーマン (＊9)氏による「フォロワー」の重要性を指摘した研究である。

＊8 『注目を集める成人発達理論』世界のリーダーシップ研究最前線 No. 4、田村次朗・渡邊竜介（著）（2021 年）。

＊9 【バーバラ・ケラーマン (Barbara Kellerman)】米国ハーバード大学ケネディスクールのリーダーシップ研究者。サラ・ローレンス大学で文学士の学位を取得し、イェール大学で政治博士の学位を取得。国際指導者協会 (ILA) の設立者で、リーダーシップの本を含めた多くの書籍を出版している。

「人の発達・成長の5段階論」

ハーバード大学のロバート・キーガン教授によれば、人はその成長の過程で5つの段階を経る。(図3)。

第1は「直感段階」である。幼児期の具体的思考段階であり、生存のための基本的欲求に基づく世界である。言語は理解できるが、抽象的思考は理解できない状態である。

第2は「自己至上段階」である。小学校入学から思春期にかけてであり、自分の関心や欲求を満たすために、他者を道具のように扱ってしまう自己中心的な状態である。「利己的段階」とも呼ばれる。他人の立場でものごとを理解することが難しいため、自分の関心のあること以外が考えられないという特徴があり、一部の大人にも見られる。

第3は「社会化段階」である。思春期後半から大多数の大人の段階である。他人の立場を理解できるものの、自己の価値基準が定まっていないため、他者や所属している組織の意思決定基準に沿って行動する。自律的に行動できない「他者依存段階」あるいは「慣習的段階」とも呼ばれる。組織適合型の「指示待ち人間」の段階だが、成人人口の大多数がこの段階に属している。

第4は「自己主導段階」である。自己の価値基準が確立され、他人の考えを尊重しつつも、自らの意見を述べ、自分の判断で行動することができる。「自律著述段階」とも呼ばれ、この段階になって初めて人は、リーダーシップを発揮できるようになる。

第5は「自己変容段階」である。他人の価値観を柔軟に受け入れ、他人との関わりあいの中で自分と他人の両方の成長を促すことができる相互発達段階である。ダイバーシティ（多様性）に対する深い理解と同時に人的ネットワークの構築が重要なポイントである。

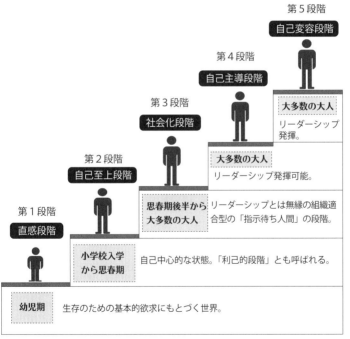

第5段階
自己変容段階

第4段階
自己主導段階

第3段階
社会化段階

第2段階
自己至上段階

第1段階
直感段階

大多数の大人	リーダーシップ発揮。
大多数の大人	リーダーシップ発揮可能。
思春期後半から大多数の大人	リーダーシップとは無縁の組織適合型の「指示待ち人間」の段階。
小学校入学から思春期	自己中心的な状態。「利己的段階」とも呼ばれる。
幼児期	生存のための基本的欲求にもとづく世界。

図3　人の発達・成長段階（ロバート・キーガン）

ケラーマン氏は、リーダーシップ研究領域における世界最大の学会組織である International Leadership Association（ILA）の第23回グローバル・リーダーシップ・カンファレンスで、「フォロワーについての十分な検証なしには、正確にリーダーシップを再定義することはできない」として、次のような議論を展開している（＊10）。

　『孫子の兵法』やマキャベリの『君主論』に見られるように、リーダーシップに関する議論は、古来、一貫して権力を持つリーダーがいかに他者を先導できるかに焦点が当てられてきた。つまりリーダーシップは、強大な力を持つリーダーとそれに追随する権力を持たないその他の人たち、つまり強者のリーダーと弱者のフォロワーたちという構図を前提に考えられてきたのである。

　しかし、こうした圧倒的な力の格差は、近代に入り徐々に変化し、2度の世界大戦を経て、さまざまな側面から社会的な平等を求める運動が展開され、人種、性別、宗教等にかかわらず、すべての人が同等の権利を得ることを規定するさまざまな法整備が行われていった。

　さらに、ソーシャルメディアが普及した21世紀に入ると、

＊10　2021年10月20日から23日にかけてスイスのジュネーブで、24日から25日にかけてオンラインで開催された。世界60カ国から1,200人以上のリーダーシップ領域の研究者、教育者、ならびに実務者が参加した今回のカンファレンスのテーマは「Reimagining Leadership, Together」で、昨年来のパンデミックの危機の本質は、まさに世界規模でのリーダーシップに対する脅威にあるとの認識の下、深まる分裂や格差を超え、より公正な社会をつくるためのリーダーシップとはどういったものであるべきかについて共に再定義しよう、という趣旨で開催された。

こうした変化は世界各地でさらに加速し、ここ数年、米国では、セクハラ告発の MeToo 運動や、有色人種、特に黒人に対する暴力や構造的な人種差別の撤廃を訴えるブラック・ライブズ・マター（BLM）運動（*11）が世界的に大きな盛り上がりを見せている。

　つまり近代以降のリーダーシップには、徐々に力をつけて台頭するフォロワーと、徐々に権力が限定され弱体化するリーダーという構図が見られ、リーダーとフォロワーの間の権力的な距離感が急速に縮まってきているという傾向が見られる。

重要性を増すフォロワーシップ

　ケラーマン氏によれば、こうした傾向は、より多くの人々に発言権を与えるという点で、自由民主主義の視点では好ましいといえるが、一方で懸念すべき課題もある。それは、皮肉なことに、近年の自由民主主義が直面している危機の根源は、「弱体化するリーダーと台頭するフォロワー」にあるからである。

　すなわち、強力なリーダーが統治する社会から、リーダーが弱体化しフォロワーが台頭する社会に移行すると、以前と比較して無秩序や混乱が深まる。混乱が深まり社会的な動揺が激しくなると、混乱を避けるために強いリーダーを求める傾向が逆

　＊11　【ブラック・ライブズ・マター（BLM）運動】黒人に対する暴力や構造的な人種差別の撤廃を訴える、国際的な積極行動主義の運動の総称。2020年５月、アフリカ系米国人のジョージ・フロイド氏が白人警察官によって首を圧迫されて死亡した事件から、世界に広がった社会運動。首の圧迫は９分近くに及んだ。

に高まる。米国でのトランプ前大統領の強権的なリーダーシップに対する人気や、中国やロシアにおける独裁政権の台頭は、弱体化するリーダーとますます力をつけるフォロワーが引き起こす社会不安の高まりの結果として生まれたといえるということである。強権的なリーダーの台頭は、自由民主主義にとって大きな危機である。

　しかし、強権的なリーダーシップを考えるうえでも、フォロワーの役割に注目することは重要である。例えば、2020 年前半のトランプ前大統領の新型コロナウイルスに対する徹底的な過小評価キャンペーンは、彼の側近グループ、つまり彼のフォロワーたちのサポートなしではできなかった。いい換えると、大統領の強権的なリーダーシップの責任は、大統領だけではなく彼のフォロワーにもある。

　したがって、今後のリーダーシップを考えるうえで、今後のフォロワーシップのあり方についても同様に考えていく必要がある。現在の自由民主主義の危機を乗り越えるためには、強権的なリーダーのリーダーシップに依存し追従するのではなく、ときにリーダーの間違いを指摘し、それを正すフォロワーのフォロワーシップが重要となるということである。しかし、こうしたフォロワーシップは危険を伴うし、決して容易なことではない。だからこそ、これからのリーダーシップを考える場合には、フォロワーシップの検討が欠かせないのである。(＊12)

＊12　『台頭するフォロワーと重要性を増すフォロワーシップ』世界のリーダーシップ 研究最前線 No. 7、田村次朗・渡邊竜介（著）（2021 年）。

国のトップリーダーに求められる思考とは？

　リーダーとリーダーシップに関する3つめの興味深い研究は、トップリーダーに関するものである（＊13）。

　現在社会は複雑に絡み合ったさまざまな問題が起きていて、私たちにさまざまな課題を突き付けている。このような社会にあって、一国あるいは巨大組織のトップリーダーには、より複雑な思考が求められている。多くの場合、トップリーダーは、複数のフォロワーとともに意思決定を行っているが、最終的な判断はトップリーダー自身が行うからである。したがって、どの程度複雑な思考に耐えられるかはトップリーダーとしての極めて重要な要素の1つになる。

　米国の非営利組織 Lectica（＊14）の創設者であるセオ・ドーソン博士（＊15）は、「成人のリーダーシップ思考レベル」を、複雑性の低い順から、「エントリー」「ミドル」「シニア」「エグゼクティブ」の4つに分類して、より複雑度の高い思考ができる人こそが、国や巨大組織にとってふさわしいリーダーである

＊13　『国家のリーダーと成人発達理論』世界のリーダーシップ研究最前線 No. 6、田村次朗・渡邊理佐子（著）（2021 年）。

＊14　【Lectica（レクティカ）】ハーバード大学のカート・フィッシャー博士のダイナミックスキル理論を基にした発達心理学を応用して学校・大学・職場のための診断ツールや発達のための学習ツールを作成している。非営利団体。テオ・ドーソン博士が創業。

＊15　【セオ・ドーソン】レクティカ株式会社エグゼクティブディレクター。カリフォルニア大学バークレー校教育心理学修士（1994 年）、同博士号（1998年）。ニューオーリンズ公衆衛生学 LSU メディカルセンター助教授、ハーバード大学大学院教育学研究科講師、ハンプシャー大学認知科学客員助教授などを歴任。

と指摘している。

「エントリーレベル」とは、マネジメント手前にあり、高度なスキルを持つ労働力としての役割を担うことができる「高度直線思考段階」である。

「ミドルレベル」とは、小規模組織のシニアリーダー、あるいは大規模組織の中間リーダーで、高度のスキルを持つプロフェッショナルとしての役割を担うことができる「早期システム思考段階」である。

「シニアレベル」とは、小規模組織の幹部あるいは CEO、大規模組織の上級リーダーあるいはシニアリーダー、中規模組織の CEO、大規模組織の幹部あるいは CEO、特に大規模な組織の幹部の役割を担うことができる「高度システム思考段階」である。

「エグゼクティブレベル」とは、「プリンシパル（最も重要な人物）」である巨大多国籍企業の CEO や国家のリーダーが直面する課題の多くは、このレベルの思考（「早期プリンシパルズ思考」）が必要とされている。

そして、ドーソン博士らは、近年の米国大統領のリーダーとしての思考についての調査を行って、興味深い評価結果を発表している。すなわち、トランプ前大統領の思考は「エントリーレベル」であり、これは日本の優秀な高校 3 年生に相当するレベルである。それに対して、オバマ元大統領は「シニアレベル」だが、複雑度の高い課題を理解し、対応できる「エグゼクティブレベル」に限りなく近いということである。（➡コラム3）

米国大統領の思考レベル

現代社会には、国際関係、経済、ヘルスケア、地球温暖化など複雑度が高い喫緊の課題が山積し、一国のリーダーには、「早期プリンシパルズ思考」が求められる。しかし、ドーソン博士らの調査によれば、近年の米国大統領の思考は、いずれもこれに見合っていないようだ。

例えば、ビル・クリントン（就任期間1993-2001年）とジョージ・W・ブッシュ（就任期間：2001-2009年）は、中レベルの「早期システム思考」であり、バラク・オバマ（就任期間：2009-2017年）は限りなく「早期プリンシパルズ思考」に近い「高度システム思考」、そして、ドナルド・トランプ（就任期間：2017-2021年）は「高度直線思考」という結果だった。

ドーソン博士によると、現代社会では高度に複雑度の高い課題に対応でき、かつ特に民主主義国家では国民にわかりやすい話し方ができるリーダーが必要である。オバマ大統領は複雑な思考の持ち主であった一方で、国民に広くわかりやすい形でコミュニケーションを取ることはできなかった。一方、トランプ前大統領のメッセージはわかりやすかった半面、大統領として直面した課題の複雑度をトランプ前大統領自身がまったく理解していなかった可能性がある。

【出典】
Theo Dawson、"National leaders' thinking: U.S. Presidents"（https://medium.com/age-of-awareness/the-complexity-of-national-leaders-thinking-u-s-presidents-3b35360f2ffe）より和訳し、一部修正。

第 2 章

傾聴力と
リーダーシップ

── 質問力／ロジカル・シンキング／コーチング

リーダーシップを発揮できる人・発揮できない人

　人は、ともすると自らに心地好い意見や情報にのみ耳を傾けてしまいがちになる。しかし、この種の誘惑に負けていてはリーダーシップを発揮することはできない。

　相手に対する価値理解を行い、お互いを尊重した主張を交わすこと、そして、二分法に陥ることなく熟慮して、肯定的なコミュニケーションを行うことがリーダーシップの基礎である。例えば、組織が危機に直面しているときには、みんながリーダーシップを発揮することによって、誰も考えつかないような斬新なアイデアや思考が生み出されて危機を切り抜けることができるようになる。

　さまざまな人の意見を傾聴し、リーダーを含む組織全体が、建設的な議論を行い、創造的な選択肢を模索し、意思決定し、決断し、実践していくうえでリーダーシップを発揮することが求められている。

　また、リーダーシップを発揮できる組織のトップリーダーは、チームの結束を強め、チーム内で率先して行動し、チーム内の意見をまとめ的確に判断・指示を下す。トップリーダーは、経験豊富で人格に優れ、メンバーの業務を調整し、個々の能力を最大限に発揮させる人である。

　一方、衝動が抑えられない人、他人に任せることのできない人、あるいは対立や反論に耐えられない人は、リーダーシップを発揮することができないので、トップリーダーにふさわしいとは言えない。

1 「傾聴力」と「質問力」

リーダーシップに欠かせない「傾聴力」

　新型コロナ禍以前から、ビジネスの世界では「フェイス・トゥ・フェイス」で対話することの重要性が指摘されている。親睦を深めることを目的として行われる当たり障りのない話し合いのことを「会話」といい、意見の違いがあることを前提にして、その意見の違いを確認し合い、一緒に課題を解決しようという目的で行われる話し合いのことを「対話」という。

　実は、「対話」を行う際に基本的に重要なことが2つある。1つは、相手の話をよく聴くことである。そして、もう1つは、相手の話をよく聴くために相手に対して質問することである。

　相手の話をよく聴こうと耳を傾けることを「傾聴」という。ただし、単に相手の話を聞き続けるだけでは「傾聴」とはいえない。「傾聴」とは、相手の考えを知り理解して、より良いコミュニケーションのために行われる。「傾聴」する能力を「傾聴力」という。傾聴力はリーダーシップの基礎力である。

　また、相手の思いや考えを知るためには、相手に問いかけることが必要である。相手の話に耳を傾け、相手が置かれている立場や環境を理解し、相手からより多くの情報を引き出すための問いかけを「質問」という。適切に質問をする能力を「質問力」という。

当然のことながら、「傾聴力」と「質問力」はセットになっている。

「傾聴」と「質問」は難しいことではない

では、どのようにすれば「傾聴力」と「質問力」を発揮することができるのだろうか。それは極めて難しいことだと思われるかもしれない。例えば、「傾聴」については、親が子どもに「人の話をよく聴きなさい」と注意することはあっても、傾聴力や質問力について学校で教えられることはほとんどない。したがって、「傾聴」や「質問」は難しいものだと考えるのも無理もないことかもしれない。

しかし、「傾聴」と「質問」にはそれぞれいくつかのルールがあって、それを頭に入れておけば、「傾聴」することも、「質問」することも、それほど難しいとは感じなくなるはずである。以下では、「傾聴」と「質問」のそれぞれ3つの基本的なルールを紹介しよう。

「傾聴」の3つの基本ルール

まず、「傾聴」の3つの基本的ルールは、「割り込み禁止」「要約を心掛ける」「反復する」である。順に説明しよう。

　＜傾聴のルール①　割り込み禁止＞
　「割り込み禁止」とは、相手が話をしている最中に、言葉

をさしはさんではいけないということである。自分に興味の
ある話題が出たときに相手の話を遮るように自分の意見を
言ってしまったり、逆に自分がまったく興味のない話を相手
が延々としているときに、話題を変えようとして相手の話を
遮ったりすることがある。そうすると、相手の話は中途半端
に途切れて終わってしまい、相手は不快な思いをする。たと
え自分の興味がある話が出たときであっても、相手が話を続
けているときには、不用意に割り込まずに、相手の話を聴き
続けることを肝に銘じておこう。

<傾聴のルール②　要約を心がけること>
　相手の話が一段落したあと、自分が話をする番になったと
きには、まずは相手の言葉を肯定的に要約するように努める
ことである。ともすると、相手の話を自分の価値観で判断し
て評価したり、批判したりしがちになるが、それでは傾聴力
を発揮したことにはならない。まずは、相手の立場を理解し、
相手の言葉を肯定的に要約するように努めることが肝要であ
る。

<傾聴のルール③　反復すること>
　相手の話の内容には、多少なりとも共感できることや同意
できることが含まれているはずである。そこで、相手の話の
すべてではないにしても、共感できることや同意できること
があれば、それについてできるだけ言葉に出して、相手の言
葉を反復するようにして、相手に伝えるように心がけること

が重要である。

「質問」の３つの基本ルール

次に、「質問」の３つの基本的なルールは、「定義を聞く」「興味を示す」「さらなる質問をする」である。順に説明しよう。

＜質問のルール① 『定義』を聞く＞
同じ言葉を使っても、相手は異なった意味で解釈することはよくある。そして、そういうときには、いくら話をしてもお互いにすれ違いに終わってしまうことになる。そこで、相手が使用する用語がさまざまに解釈ができるような場合には、その意味を尋ねるように心がけなければならない。とりわけ専門用語やわかりにくい言い回し、あるいは外国語などのカタカナ言葉については、必ずその意味を聞くようにしたほうが良い。
ただし、聞き方には注意が必要である。「○○の定義は何ですか」などという聞き方をすれば、相手は不快に思うだけだからである。例えば、「○○とおっしゃいましたが、それについてもう少し詳しく説明してください」というような言い方をすれば、相手は快く説明してくれるはずである。

＜質問のルール② 相手の意見に興味を示す＞
話し手の立場に立って考えればわかるように、自分の意見に興味を示してくれた相手には、もっと詳しく話そうと思っ

てそうするものである。相手の話に興味を示すことによって、相手からより多くの情報を引き出すことができるというわけである。

<＜質問のルール③　自分が知らないことについては、さらなる説明を求める＞

　相手の話の中に自分が知らないことが出てくると、「知らないことは恥ずかしい」と思って、いかにも知っているように反応しがちになる。しかし、たとえ「そんなことも知らないのか」という顔をされても、ひるむことなく相手に説明を求めたほうがよい。実は、それについては相手もよくは知らないことだったということもありえないことではないからである。コミュニケーションの行き違いを避けるためにも、「知らないことは知らない」と言って相手に説明を求める勇気が必要である。

「閉じられた質問」と「開かれた質問」

　さて、「傾聴」と「質問」はセットになっているという説明をしたが、どちらかといえば傾聴は受動的な行為であり、質問は能動的な行為である。つまり、相手から話を引き出すための「質問」は自分で考えなくてはならないということである。したがって、質問のほうがやや難しいと考えたほうがいいかもしれない。

　そこで、以下では「質問」の仕方について詳しく紹介しよう。

まず、基本的に頭に入れておきたいことがある。それは、質問には2つの形があるということである（図1）。

① 「閉じられた質問（クローズド・クエスチョン）」
　「イエスか、ノーか」という問いかけや、いくつかの選択肢の中から回答を選んでもらうというような質問である。そのように質問をすると、相手の考えがわかる。したがって、「閉じられた質問」とは、相手の考えを知るための質問といえる。「閉じられた質問」をすると、相手の答えは容易に得られることが多い。しかし、その次に相手に何を質問するのか、あるいは何を求めるのかを考えておかないと、話はそこで途切れてしまう。したがって、「閉じられた質問」をする際には注意が必要である。

② 「開かれた質問（オープン・クエスチョン）」
　「イエスか、ノーか」ではなく、相手から具体的な話を引き出すための質問である。一般に、ニュース記事では、誰（WHO）が、いつ（WHEN）、どこで（WHERE）、何を（WHAT）、なぜ（WHY）、どのように（HOW）が重要だといわれ、それぞれの単語の頭文字をとって「5W1H」（ご・ダブリュ・いち・エイチ）と呼ばれている。「開かれた質問」についても5W1Hは重要であり、そのうちの「誰が（WHO）」「いつ（WHEN）」「どこで（WHERE）」というように、人物や関係、時間や過程、空間や場所などについて相手から話を引き出すことを「限定的な質問」と呼ぶ。このような質問がなぜ「限定的」なのか

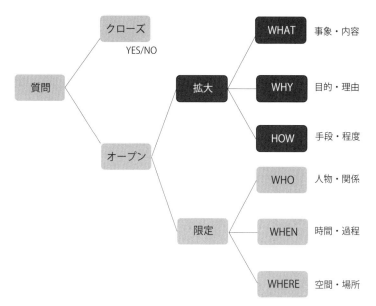

図1 「WHAT」「WHY」「HOW」が大事！

といえば、それは相手から得られる答えによっては話がさほど進まないケースもあるからである。例えば、「誰が」「いつ」「どこで」という聞き方をすれば、相手は「Aさんが、B日に、Cという場所で」というように具体的に答えてくれるだろうが、「それでどうした」ということがなければ、話はそこで終わってしまうということである。

　一方、「何が（WHAT）」「なぜ（WHY）」「どのように（HOW）」は、事象や内容、目的や理由、手段や程度について相手から話を引き出すことを「拡大的な質問」と呼ぶ。このように質問されると、相手はどう答えようかと考える。つまり、「拡

大的な質問」とは、相手が考えるための「質問」である。質問された相手は、自らの行動や状態を客観的に振り返ることになるからであり、難しい表現を使えば、相手の「内省支援」のための質問である。

人はとかく自分のことはすべて知っていると思いがちだが、実際は自分のことゆえに見えないことも少なくない。そこで、相手が自らの行動や状態を客観的に振り返ることを促すのである。そのように質問されることによって、相手の思考や感情が刺激されて、話がより拡大する可能性が高い。

ところで、言葉を覚えたばかりの幼児は、「何が」「なぜ」とか「どうして」という質問を頻発する。いちいち答えるのは面倒なことだと思うかもしれないが、幼児にとっては成長するために必要な当たり前の質問である。そういう意味では、「何が（WHAT）」「なぜ（WHY）」「どのように（HOW）」は本源的な「質問」といえる。しかし、幼児期を終えると人は、すべて知っているわけではないにもかかわらず、「何が」「なぜ」「どうして」という質問をほとんどしなくなる。それは人間の発達に決して良い影響を与えるとは考えられない。「質問力」を高めるためには、「何が」「なぜ」「どうして」という質問を繰り返すことが重要である。

どのような質問をすればいいのか

さて、学校の授業や講演会などで、講師あるいは教師から「質問はありませんか」と聞かれても、沈黙が支配するだけという

状況が見られることがある。誰も質問しないのは、「質問」がないということもあるかもしれないが、それ以外の要因もあると考えられる。

その1つは、大勢の前で発言するのが恥ずかしいということである。誰しも体験したことがあるかもしれないが、講演会などで手を挙げて質問するのはなかなか勇気のいることである。それを解決するのは、大勢の前で発言するという経験を積み重ねるしかない。

もう1つの要因は、何をどう質問したらいいのかわからないということである。

質問とは、相手からさまざまな情報を得るための重要な手段の1つである。したがって、相手がどのような情報を持っているかを知ることが重要である。

では、相手が持っている情報がどのようなものなのかを知るためにはどうすれば良いのだろうか。単純化して考えると、自分と相手が持っている情報は次の4つに分けることができる。

第1は、相手は知っていて、自分も知っていること。
第2は、相手は知っていて、自分は知らないこと。
第3は、相手は知らないが、自分は知っていること。
第4は、相手は知らないし、自分も知らないこと。

これは、自らを客観的に分析するためにビジネスなどでよく使われる「ジョハリの窓」(p.55＊1)(p.54➡コラム4)を援用した分類であり、このように類型化することによって、どのような質

「ジョハリの窓」

　「ジョハリの窓」は、自らを客観的に分析するためにビジネスなどでよく使われているツールで、次の4つの窓である（図2）。

① 「開放の窓」（open-self）
　自分も他者も知っていること。
② 「盲点の窓」（blind-self）
　自分は知らないけれども他者は知っていること。
③ 「秘密の窓」（hidden-self）
　自分は知っているけれども他者は知らないこと。
④ 「未知の窓」（unknown-self）
　自分も他者も知らないこと。

　自らを高めるためには、「開放の窓」をさらに開いて、相手も他者も知っていることをさらに詳しく知るための努力をする必要がある。また、人には必ず「盲点の窓」があることを自覚して、謙虚に教えを乞うことが求められる。一方、「秘密の窓」はあえて開く必要はないが、自分だけが知っているというのは単なる思い込みかもしれないので注意が必要である。さらに、「未知の窓」に対する興味を常に持って、他者とともにその窓を開けることに挑戦する姿勢が必要である。

	自分は知っている	自分が知らない
他人は知っている	① 開放の窓 （open-self） 自分も相手も知っていること	② 盲点の窓 （blind-self） 自分は知らないけれども相手は知っていること
他人が知らない	③ 秘密の窓 （hidden-self） 自分は知っているけれども相手は知らないこと	④ 未知の窓 （unknown-self） 自分も相手も知らないこと

図2　「ジョハリの窓」

問をすればいいかがわかってくる。1つは、「相手は知っていて、自分は知らないこと」を質問することである。例えば、相手が予想外の話をしたようなときには、そのことについてもっと知りたいと質問するのである。相手は快諾して、詳しく説明してくれるはずである。

そして、もう1つは、「相手は知っていて、自分も知っていること」を質問することである。例えば、サッカーワールドカップを自分はテレビで見ていたが、相手は開催地に行って応援してきたというようなときには、現地ではどのような状況だったかと質問する。相手は、現地で見聞きしたことについて喜んで話をしてくれるだろう。

自分への質問を「内なる質問」という

ところで、「質問」というと他者への問いかけだけのように思うかもしれない。しかし、実は、私たちは普段の仕事や生活の中で、数多くの質問を自分自身に投げかけている。例えば、自分がある行動を起こす際には、ほとんどの場合は口には出さないが、「何をするか」「どこへ行くか」「どのようにするか」など、まずは自分自身に問いかけている。自らへの問いかけを「内なる質問」という。

＊1 【ジョハリの窓】自己分析を行う際に使用する心理学モデルの1つ。サンフランシスコ州立大学の心理学者ジョセフ・ルフト（Joseph Luft）とハリ・インガム（Harry Ingham）が1955年に発表した「対人関係における気づきのグラフモデル」が、後に2人の名前を組み合わせ「ジョハリの窓」と呼ばれるようになった。

「何をするか」「どこへ行くか」「どのようにするか」という「内なる質問」に対しては、すぐに答えが見つかることもあるが、なかなか答えが見つからず、迷うこともある。しかし、私たちは「内なる質問」に対する何らかの答えを出し、行動に移している。その結果としてさまざまな成果を得ることもあるだろうし、あるいは失敗することもある。

　仮に行動がうまくいかなかったとすれば、その原因は、1つには行動の仕方が悪かったことにあるのかもしれないが、「内なる質問」が適切でなかったために良い結果が得られなかったとも考えられる。そうだとすれば、私たちはより良い「内なる質問」をすることによって、より良い行動を行うことができるようになるはずである。

2 「傾聴力」とロジカル・シンキング（Logical Thinking）

ロジカル・シンキングとは

　さて、「傾聴力」に欠かせないもう1つの要素は、「ロジカル・シンキング」（Logical Thinking）である。複雑な状況について論理立てて考え、仮説を立てて結論を導く思考法である。論理的に考えるということは、自らの考えをきちんと伝える方法であり、伝えられたものをきちんと受け取る方法といえる。ロジカル・シンキングを使うことにより、論理が飛躍したり破綻したりせずに、相手に自分の考えを首尾一貫して伝えることができるようになり、相手の話を傾聴できるようになる。ロジカル・シンキングを使うことにより、複雑なものごとの関係を明解に把握することができる。

　ロジカル・シンキングは、ビジネスの世界でよく使われるフレームワークである。しかし、ロジカル・シンキングは必ずしも万能なツールとはいえないという指摘もある。例えば、論理は正しくても、相手がそれを理解できなければ、結論を伝えても相手の理解を得ることはできないからである。また、ロジカル・シンキングで得られた結論が必ずしも唯一の正解とはいえないという指摘もされている。

　しかし、ロジカル・シンキングは必ずしも万能ではないかもしれないが、少なくとも論理が飛躍したり破綻したりせずに、

首尾一貫した話をするための便利なツールであり、傾聴力およびリーダーシップに欠かせない。そこで以下では、「因果関係」、「演繹法」、「帰納法」という3つのロジカル・シンキングについて説明しよう。

「因果関係」で考える

　第一の「因果関係」とは、2つの事象のうちのどちらか一方が原因となって他方の事象が結果として起きることをいう。

　例えば、AとBという2つの事象の間に、Aが生じたのちBが生ずるということが繰り返し観察されたときには、AとBの間には「因果関係」があると考える。つまり、Aが「原因」になって、Bという「結果」が生じたと考えるのである。

　例えば、制限速度オーバーで走行する車の数と、死亡交通事故数には因果関係があると考えられている。自動車の制限速度オーバー（原因）で死亡交通事故が起きるケース（結果）が多発しているからである。したがって、原因である制限速度オーバーの車を減少させるような施策をとることができれば、結果として死亡交通事故は減少するだろう。

　また、甘いものの食べ過ぎと肥満にも因果関係が認められるといわれている。原因である甘いものの摂取を控えれば、結果として肥満を防ぐことができると考えられる。

　しかし、ここで注意すべきことが1つある。それは、一見「因果関係」のように見えても、実は単なる偶然に過ぎない場合も数多く存在するからである。

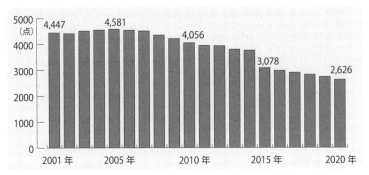

図3-1　雑誌出版点数の推移（出版ニュース社「出版年鑑」ベース、2015年以降は出版科学研究所「出版指標年報ベース」）

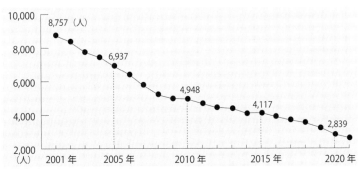

図3-2　交通事故死者数の推移（「交通事故統計月報」警察庁）

①因果関係と相関関係

　例えば、死亡交通事故数と雑誌出版点数の推移を見ると、両方とも2001年ころから右肩下がりで減少している（図3-1、図3-2）。では、死亡交通事故数と雑誌出版点数の間には「因果関係」があるのだろうか。否である。死亡交通事故数の減少が原因で雑誌出版点数が減ったとは考えられないからである。

死亡交通事故数と雑誌出版点数のように、２つの事象の間にある関連性を「相関関係」という。例えば、インターネットの普及と地球温暖化は同時に進んでいるので「相関関係」は見られる。しかし、インターネットの普及が進んだことが原因で地球温暖化が進んだという結果が生じたとはいえない。したがって、両者の間には「因果関係」は認められない。

　また、ある会社の従業員満足度の高まりと売り上げの伸び率が同じような傾向を示しているとすれば、両者の間に相関関係は認められる。しかし、従業員の満足度を高めれば売り上げが増えるとは限らないので、両者の間に「因果関係」は存在しない。

　「因果関係」と「相関関係」の違いを知っておくことは重要である。「相関関係」のうち、原因と結果の関係があるものを「因果関係」といい、原因と結果の関係がないものを「見せかけの相関」という（＊2）。

②見せかけの相関を見分けるための３つの方法

　ある２つの事象の関係が「因果関係」か「疑似相関」かを確認するためには、次の３つを考えてみればよい。

1.「まったくの偶然」かどうか
2.「逆の因果関係」が存在していないかどうか
3.「交絡因子」が存在していないかどうか

＊2　『「原因と結果」の経済学―データから真実を見抜く思考法』　中室牧子・津川友介（著）（ダイヤモンド社、2017 年）。

③「交絡因子」が存在していないかどうか

　中室牧子（＊3）氏・津川友介（＊4）氏は、「まったくの偶然」として、「地球温暖化の進展と海賊の数の減少」「ミス・アメリカの年齢と暖房器具による死者数」「ニコラス・ケイジの映画出演本数とプール溺死者数」などの例を紹介している。それぞれは同じような傾向を示しているが、たまたま偶然にそう見えるだけで、因果関係は存在しない。

　次に、「逆の因果関係」の例としては、「警察官の人数が多い地域では、犯罪の発生件数も多い傾向がある」という事例がわかりやすい。これについて「警察官の人数が多い」から「犯罪の発生件数も多い傾向がある」と考えるのはいかにも不自然であり、「犯罪が多い地域だから（原因）、多くの警察官を配置している（結果）」と考えるのが妥当である。

　さらに、「交絡因子」とは統計学の用語で、2つの事象（従属変数と独立変数）の両方に肯定的または否定的に相関する外部変数のことである。わかりやすくいえば、「交絡因子」は原因と結果の両方に影響しているため、それが原因で結果を引き起こしたのかどうかという因果関係がわからなくなっ

＊3　【中室牧子（1975年〜）】慶應義塾大学教授。奈良県出身。慶應義塾大学環境情報学部卒業。大学時代は竹中平蔵氏の研究会に所属。日本銀行や世界銀行での実務経験を経て、コロンビア大学で博士号取得（MPA,Ph.D.）。専門は教育経済学。

＊4　【津川友介（1980年〜）】カリフォルニア大学ロサンゼルス校（UCLA）准教授。医師。東北大学医学部卒。聖路加国際病院、ベス・イスラエル・ディーコネス・メディカル・センター（ハーバード大学医学部病院）、世界銀行を経て現職。ハーバード公衆衛生大学院にてMPH（公衆衛生学修士号）、ハーバード大学で医療政策学の博士号取得（Ph.D.）。専門は医療政策学、医療経済学。

てしまう要因のことである。

　例えば、飲酒者は非飲酒者に比べて肺癌の発生率が高いといわれている。したがって、飲酒が原因で肺癌が発生するかといえば、必ずしもそうとはいえない。最近でこそ少なくなっているが、飲酒の際に喫煙する人は多かった。つまり、飲酒と肺癌との間には「喫煙」という交絡因子が存在し、その影響で飲酒者は非飲酒者に比べて肺癌の発生率が高いという結果が出ているのである。

演繹法で考える

　ロジカル・シンキングの2つめの「演繹法」とは、ルールや規範を大前提として、これにある事柄（小前提）を関連づけて当てはめて、結論を導く方法である。「三段論法」ともいわれる。「大前提」とは、一般的に多くの人に認められた法則・理論や知識などであり、「小前提」とは、確認できる自然現象や社会現象のことである。

　例えば、次のような事例がわかりやすい。

＜事例1＞
　①すべての人間は生物である。（大前提）
　②生物は必ず死ぬ。（小前提）
　③したがって、人間は必ず死ぬ。（結論）

＜事例2＞
　①改正民法では、「婚姻は、18歳にならなければ、することができない」

（第731条）と規定されている。言い換えれば、「18歳になれば婚姻できる」ということである。（大前提）

②Aさんは19歳である。（小前提）

③したがって、Aさんは婚姻することができる。（結論）

演繹法は、自分の主張（結論）に至るプロセスを明解に示すことができるという利点がある。しかし、理論が先行して無理に事実を合わせようとしたり、話が複雑になりすぎたりする欠点もある。また、大前提や小前提が正しいかどうかを確認する必要がある。仮に大前提や小前提が正しくないとすれば、正しい推論はできないからである。

帰納法で考える

ロジカル・シンキングの3つめの「帰納法」とは、複数の事実（データ）を関連づけて共通項を導き、そこから一般論を導き出す方法である。「AはXである」「BはXである」「CはXである」……というように、具体的な事実を数多く集めて、ある1つの結論を導いていくのでわかりやすいという利点がある。例えば、次のような例である。

＜事例3＞

・日本の経済成長率は低下している。

・米国の経済成長率も低下している。

・EUの経済成長率も低下している。

・中国の経済成長率も低下している。

・したがって、世界の経済成長率は低下している。

しかし、帰納法には落とし穴がある。観察する人によって結論が異なったり、集めた事象の数が少ないために間違った一般化が行われたりしやすいという欠点である。＜事例3＞でいえば、取り上げられているのは先進国と中国だけであり、インドやインドネシアなど成長率の高い国が取り上げられていないということである。

　また、次のような事例もある。

＜事例4＞
　・ハクチョウは「カモ目カモ科ハクチョウ属」に属する鳥である。
　・日本で見るハクチョウ、オオハクチョウ、コブハクチョウなどのハクチョウはすべて白い。
　・したがって、ハクチョウ属の鳥は白い。

　一見正しそうに思える推論だが、実はオーストラリアには「コクチョウ」（ブラックスワン）が生息していて、これもハクチョウ属の鳥である。したがって、「ハクチョウ属の鳥は白い」という一般論は成り立たないのである。

　また、帰納法には「安易な一般化」という落とし穴もある。例えば、次のような例である。

＜事例5＞
　・電車内で大きな声で携帯をかけている若者がいる。
　・電車内で化粧をしている女子高生がいる。
　・新聞やテレビでは学校におけるいじめ問題が深刻化している。
　・したがって、「日本の若者は、品位が低下し、モラルに欠ける」。

　この推論は正しいと言えるだろうか。このように考えた人は、

まず頭の中で「日本の若者はけしからん」という暗黙の仮説を
たて、その後でそれに合致するような観察事項をみつけていっ
た。その結果、その他多くのすばらしい若者の存在を観察する
ことはできないのである。

3 コーチング

「コーチング」で「傾聴力」を発揮する

　ここで、リーダーシップ基礎力の1つである「傾聴力」を発揮できる重要な分野を紹介しよう。それは、「コーチング」である。

　人は誰しも人生を通して目指すべき目標やビジョンを持っている。また、あるプロジェクトやちょっとした交渉事にも、それぞれの目標やビジョンがある。しかし、現実には、自らの目標やビジョンを普段から明確に意識する人は多くはないし、積極的に相手に自分の目標やビジョンを語りかける人もほとんどいない。

　そこで、例えば会議や交渉で対話を行うようなときには、相手のビジョンや目標を聞き出さなければならない。そのために必要なことが、「傾聴力」であることはすでに説明した。相手に質問し、相手の話に耳を傾けることによって、相手が達成したいと考えている目標やビジョンを聞き出すのである。

　相手の目標やビジョンについて相手から話を引き出すために、相手の話に耳を傾けて、目標やビジョン達成に向けての相手の自発的・主体的行動を引き出すことを「コーチング」（Coaching）という（＊5）。そして、その役割を担う人を「コーチ」（Coach）と呼ぶ。

筑波大学の伊與田康雄名誉教授によれば、「コーチ」（Coach）という言葉は、ハンガリー北部の小さな町 kocs（コチ）に由来しているという。現在は人口 3000 人弱の町コチは、四頭引き四輪大型の乗合馬車を走らせた最初の街であることから、乗合馬車を「コーチ」と呼ぶようになった。さらに、乗合馬車（コーチ）は「人を目的地に運ぶ道具」であることから、家庭教師を意味する学生俗語となり、そこからスポーツ等の指導者を「コーチ」と呼ぶようになったという（＊6）。

日本でも、スポーツ選手等の指導者を「コーチ」と呼び、多くの場合、コーチは選手に技術（スキル）や戦術を伝授することが期待されている。実際、野球やサッカーなどのスポーツでは、コーチは選手を手取り足取り指導している。

しかし現在、コーチの役割は大きく変化したといわれている。コーチは、相手から話を引き出して、目標達成に向けた相手の自発的な行動を促進する役割を担っている。日本ではまだ馴染みがないが、米国では一般の人が「コーチング」を受けることが当たり前になっている（p.68 → コラム5）。

コーチングとコンサルティングの違い

ここで指摘しておかなければいけないことがある。それは

＊5　コーチングについては次の書籍を参考にした。『新コーチングが人を活かす』鈴木義幸（著）（ディスカヴァー・トゥエンティワン、2020 年）、コーチ・エィ（著）『この 1 冊ですべてわかる　新版コーチングの基本』（日本実業出版社、2019 年) 他。
＊6　「スポーツ用語　面白い旅」『筑波経済月報』2015 年 8 月号参考。

「コーチング」の日米比較

コーチングに対する日本での一般的な認識はそれほど高くはなく、普及度合いも低い。せいぜい一部の企業が、幹部研修の一環としてコーチングを企業単位で導入するケースが見られる程度にすぎない。また、日本では個人単位でコーチングを利用するケースはまだかなり限定されている。

一方、米国では、コーチングは人々の生活に溶け込んだ日常的なサービスになっている。米国では、経営幹部がコーチをつけるのは当たり前のことである。例えば、企業で管理職や、スポーツでコーチに昇格した人は、当然のように、自らもコーチングの研修を受ける。管理職やコーチとして、人の成長を支援するための具体的な技術を学ぶのである。

また、米国では、一般の人も頻繁にコーチングを利用している。自分のキャリアに関してコーチングを受ける人は多く、私的な面についてもコーチングを採用している人もいる。例えば、結婚生活においてお互いのパートナーシップを強化するためとか、人生の生きがいを明確化するためという理由でコーチングを利用することも日常的にある。そして、複数のコーチを活用している人も数多くいる。

米国では人の成長を支援するためのさまざまなコーチング手法が考案され、実践されている。コーチング手法が、言葉や数式などの論理的構造で説明できる客観的な知識、「形式知」として整備・蓄積されてきている。コーチングについて、日本が米国から学ぶべきことは多い。(＊7)

＊7 『今後求められるコーチングとは』世界のリーダーシップ研究最前線 No. 3 、田村 次朗・渡邊 竜介（著）（2021 年）。

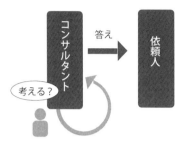
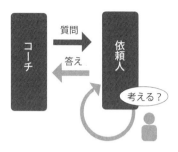

図4　コンサルタントとコーチの違い

コーチングとコンサルティングとは違うということである。会社あるいは個人から相談を受けてアドバイスする職業として「コンサルティング」（consulting）という職業がある。

　consultant という言葉の語源はラテン語 consulo で、con-（一緒に）＋ sel-（取る）つまり「助言を求める」ことにある（『語源英和辞典』）。コンサルタントは、依頼人（クライアント）の課題を見つけ、その解決策を提案するというサービスを販売し、その対価を受け取る。コンサルタントが行うサービスを「コンサルティング」という。

　依頼人からサービスを依頼されるという点では「コンサルティング」と「コーチング」は似ている。しかし、依頼人との関係という点で、「コーチング」と「コンサルティング」はまったく異なっている（図4）。すなわち、「コンサルティング」では、依頼人から受けた相談事についてコンサルタント自身が解決策を考えて、それを依頼人に提示する。それに対して、「コーチ

ング」では、依頼を受けた相談事について、コーチが依頼人に問いかけて、話をよく聴き、依頼人自らが考えて解決策を出すように仕向けるのである。

┃コーチングに欠かせない「ペーシング」と「質問力」

　1つは、相手が安心して話せるようにすることである。そのためには、相手のペースに合わせていく必要がある。これを「ペーシング」（pacing）という。目線や表情、身振り・手振りや相槌などの頻度やタイミングなどの非言語的（non-verbal）な方法や、使う言葉・話すスピード（verbal）などを合わせるようにすることである。それによって相手に心理的安全性を与えることができ、相手との信頼関係を生みだすことができる。

　もう1つは、問う力すなわち「質問力」である。安斎勇樹氏（東京大学特任助教）と塩瀬隆之氏（京都大学総合博物館研究部情報発信系准教授）が、共著『問いのデザイン』（＊8）の中で明快に指摘しているように、「問い」が異なれば「答え」も違ってくるからである。また、すでに説明したように、「質問力」は重要である。

　一般的に、人が話をするときに相手に求めることは3つあるといわれる。1つは、自分の存在を認めてほしいという願望（「認知」）である。2つ目は、自分が思っていることに同感してほ

＊8　『問いのデザイン：創造的対話のファシリテーション』安斎勇樹・塩瀬隆之（著）（学芸出版社、2020年）。

しいということ（「共感」）である。3つ目は、自分の考えに賛成してほしいという思い（「賛同」）である。

　いずれもわかり切ったことのように思えるが、人は時としてそれを忘れる。その結果、相手との関係がぎくしゃくしてしまうこともよくある。相手に話を聴いてもらうことは人間の根源的な欲求の1つであること、そして、「認知」「共感」「賛同」が得られたときに、話し手は相手に「話を聴いてもらうことができた」ことを実感できるということを肝に銘じておくべきである。

　　人は、自分の話を認知・共感・賛同してもらうことができるような話をしたいと願っている。したがって、話を引き出してくれるようなことを「質問」されることを望んでいる。「コーチング」はそれを忠実に実行するための方法である。

　傾聴力として、質問の方法、ロジカル・シンキング、コーチングを説明した。次章では、対話力について説明を行うが、特に日本人にとって、対話の際には傾聴力が求められる。これは、日本語が有する敬語の難しさゆえに、部下から上司への意見は時として攻撃的に聞こえる場合があるからである。だからこそ、相手の話に耳を傾けるコミュニケーションを特に意識しなければならない。このことは、第3章で詳述する。

第 3 章

対話力と
コミュニケーション

コミュニケーションとは

　人は日常生活で必要な多くのことを自分で考えて行動する。朝、何時に起きるのか、朝食に何を食べるのか、どのような服装にするのかなどについて、自ら決定する。しかし、学校や職場などの組織で何を行うのかについては、自分１人で決めることはできない。さまざまな考えの人がいるからである。そこで、クラスあるいは職場の部や課などで話し合って、グループとして何をするかについて意思決定を行う。

　グループでの意思決定の際に必要なことは、密にコミュニケーションをとることである。コミュニケーション「communication」（英語）の語源は、ラテン語の「communis（共通の）」に munitare（舗装する・疎通を良くする）」を付加したものである。つまり、コミュニケーションとは、「言語・文字などの視覚や聴覚などを媒介として、人間の間で行われる感情や思考の伝達」である（『広辞苑　第七版』）。英語の「communication」に対応する日本語訳としては、「伝達」「通信」「意思疎通」などが使われているが、言葉が持つ意味を必ずしも十分に伝えているとはいえない。

　なぜだろうか。それは、そもそも英語の「communication」に対応する概念が日本には存在しなかったからである。英語をはじめとする外国語に対応する概念あるいは物が日本に存在しない場合にそのままカタカナにすることがよくある。「communication」の場合も同じことで、「コミュニケーション」という表記が使われる。例えば、「マスコミュニケーショ

ン」とはメディアを用いた情報伝達のことであり、マスコミと略した場合にはメディアそのものを指す。「コミュニケーションをとる」といえば、相互理解を促進するために話し合いの機会を設けることである。さらに、「コミュニケーション能力」とは、人間関係において、互いの意思疎通をスムーズに行うための能力を指す。

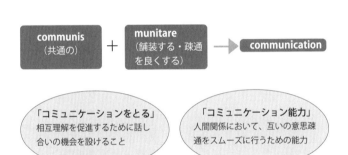

1 コミュケーションの基本

「ハートランド」化した SNS

　コミュニケーションはリーダーシップの欠かせない重要な要素である。そして、コミュニケーションの基本は「対話」である。しかし、SNS の驚異的な進展などによって、コミュニケーションが不自由な時代に突入してしまった。

　世の中には情報があふれ、サイバー空間を 24 時間 SNS が飛び交っている。人々は、ちょっとした情報のやり取りはライン（LINE）で行い、ある瞬間に感じたことはツイッター（Twitter）で発信する。

　いつのころからか、政治家が重要な事柄をツイッターで発信するようになった。ロシアによるウクライナ軍事侵攻でも各国の指導者たちがツイッターで戦況を報告している。これらの情報が事実であるか否かを判断することは難しいが、こうした情報によって国に対する評価が変わってしまう恐れがある。

　地政学では従来、ユーラシア大陸の中央部を「ハートランド」と呼び、世界全体を支配する地域を指す言葉として使われてきた。しかし、国際政治学者の土屋大洋氏（慶應義塾大学教授）は、インターネット上のサイバースペースが強大な影響力を持つ現代では、デジタル化されたデータや、私たちが情報を認識し、解釈し、発信する際の認知スペースが「ハートランド」になっ

ていると指摘している。(＊1)

増幅する疑似コミュニケーション

　情報を一瞬で拡散するSNSでは、個人レベルでも「ハート
ランド」化が加速度的に起きている。個人のマインドまで悪影
響を受けるような時代が到来しているのである。

　私たちは、ちょっとした外出や旅行に出かけて感動的な景色
に出会ったり、見た目に美しい料理に出会ったりすれば、それ
を写真に撮って、当たり前のようにインスタグラム（Instagram）
に載せている。「インスタ映え」という言葉はすでに日本語と
して定着した。

　ツイッターやインスタグラムには、コメント欄や言葉を使わ
ずに賛同する機能である「いいね」ボタンなどがついている。
「いいね」という言葉がどういう意味なのかは使う人それぞれ
が自分なりに理解しているようだが、情報の発信者と受け手は
それなりにコミュニケーションをした気分になっている。

　しかし、私たちが、SNS上で飛び交う誤った情報（フェイク
ニュース）をもとに何かを考えたり発信したりすれば、自ら適
切な判断力を失ったり、他者の適切な判断力を失わせたりする
かもしれない。その結果として、思いもよらぬ反発や対立を起
こしてしまう危険性を高めるかもしれない。

　2019年末の中国で発生した新型コロナ禍による行動制限（自

＊1　『SNSでの炎上や対立を防ぎ、解決する交渉学』田村次朗、Wedge ONLINE
　　（2022年9月28日）。

粛）が長引き、サイバー空間での擬似コミュニケーションが増幅されている。そして、それが、生身の人と話をする機会を極端に減少させている。生身の人と話す機会が減少したことは、人々のコミュニケーション力に少なからぬ悪影響を与えている。（→コラム6）

　私たちは、リーダーシップに不可欠な要素であるコミュニケーション力を取り戻さなくてはならない。そのためには、コミュニケーションの基本から考え直すことが必要になる。そこで、コミュニケーションの第一歩である「自己紹介」の仕方を説明することにしよう。

すべてのコミュニケーションは自己紹介から始まる

　学校や職場などの組織内のグループは必ずしも知人や友人だけで構成されるわけではない。例えば、学校のクラスや部活では、初対面の人とグループを構成する場合が多い。会社や官公庁などの組織でも同じことである。例えば、さまざまなプロジェクトチームでは初対面の人と一緒になるケースのほうが多い。

　初対面のときに行うコミュニケーションの第一歩は自己紹介である。自己紹介は相手に自分を知ってもらうための重要なプロセスである。自己紹介の仕方によって自分に対して相手が持つ印象は大きく変わる。しかし多くの場合、会社や官公庁の場合であれば自分の所属（会社）と名前、学校であれば自分の学年・クラスと名前をいって、手短に自己紹介を終えてしまう。

　なぜそのようなことが起きるのだろうか。それは、ほとんど

情報の受け手として必要な心構え

戦争などの危機的状況時には、政府機関などによるプロパガンダが行われる。フェイクニュースが流され、世論の誘導が図られるのである。例えば、太平洋戦争中に旧日本軍は大本営発表で「敗退」という言葉を避け、「転進」という言葉を用いたという。「転進」という言葉によって、あたかも計画通りに作戦遂行中であるかのように印象操作を行っていたのである。

インターネットが普及した近年では、情報の量もスピードも桁違いに多く速くなった。そのような中でフェイクニュースは、まるでスクープであるかのように流される。そして、フェイクニュースは人々の心を簡単に奪う力を持っている。

SNSを通して、個人が簡単に意見や情報を発信できるようになったことは大きな社会変化をもたらしている。誰もが情報発信の主体になること自体は良いことかもしれないが、一方で誤った情報が流される危険性も高まっている。だからこそ、情報の取捨選択、真偽の見極めがますます重要になっている。

新しい情報に接したら、まず、「根拠はどこにあるのか?」と考える意識を持つことが必要である。そして、裏付けを自分なりに調べる。こうした行動(「事実確認(ファクトチェック)という」)(＊2)を徹底することによって、誤った情報に基づく過度な批判や対立を防ぐことにつながるはずだ。

＊2　参考図書『ファクトチェックとは何か』立岩 陽一郎（著）（岩波書店、2018年）。『コロナの時代を生きるためのファクトチェック』立岩 陽一郎（著）、（講談社、2020年）。

の場合、自己紹介の仕方を教わる機会がないからである。したがって、多くの人は自己流の自己紹介ですませざるを得ない。しかしそれはいかにも残念なことである。なぜなら、自己紹介はコミュニケーションの第一歩であり、自分を相手に知ってもらうためのきわめて重要な行為だからである。

自己紹介の仕方

　私は大学のクラスや研修で、受講生相互のコミュニケーションを促すために、次のような自己紹介を実践してもらっている。例えば、それぞれが初対面の4人のケースでは、まず、4人のうちの誰か1人が、「名前」と「所属」だけではなく、「趣味や活動」などについても手短に話して自己紹介をすることを提案する。顔を合わせたときに、躊躇することなく誰かが口火を切ることはとても重要なことであり、ここではそれをAさんが行ったと仮定する。

　まずAさんが最初の発話者として、「名前」「所属」「趣味」について話をし、Bさん、Cさん、Dさんが同じように話をする。そして、一巡したところで、AさんはBさんに対して、Bさんの「趣味や活動」について、「もう少し詳しく聞かせてください」と話しかける。Bさんはそれに答えることによって、自分の趣味や活動について、グループ全員によりよく知ってもらうことができる。同じようにして、BさんはCさんに対して、CさんはDさんに対して、DさんはAさんに対して質問し、それぞれが答えていくのである（2回目の質問は必ずしも順番通

80

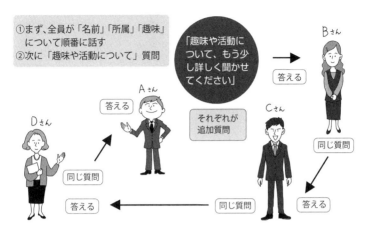

①まず、全員が「名前」「所属」「趣味」について順番に話す
②次に「趣味や活動について」質問

「趣味や活動について、もう少し詳しく聞かせてください」

それぞれが追加質問

Bさん
答える

Aさん
答える

Cさん
同じ質問

Dさん
同じ質問
答える

同じ質問
答える

図1　自己紹介の仕方（4人の例）

りでなくても、全員が1回質問されて答えるということができれば良い）。(図1)

　例えば、Aさんの質問に対するBさんの答えに反応してCさんもDさんも追加的な質問をするかもしれない。そうなれば、知らず知らずのうちにコミュニケーションが進んでいく。また、時間が許すのであれば、例えばAさんがCさんに質問するというように、相手を変えて同じことを繰り返してもよい。「もう少し詳しく聞かせてください」がキーフレーズであり、そう質問することによって相手から話を引き出すことができる。

　そして、繰り返されるコミュニケーションによって、お互いをよりよく知ることができる。自己紹介でこのような「言葉のやり取り」を行うことは重要である。初対面の緊張をほぐし、グループの一体感を醸成するための「アイスブレーキング」(緊張を緩和し、コミュニケーションをスムーズにする手法）となる

からであり、その後のグループ内での話し合いをより深めることができる。

論理的に話すことが重要

　会議やミーティングでは、自己紹介の後は本題について話し合いに入る。しかし、いったい何をどう話せばいいのだろうか。
　成り行き任せにその時々に応じて、頭に浮かぶことを言葉に変えるということも考えられる。しかし、その場限りの思いつきでは、とかく話の一貫性を保つことが難しくなる。また、内容空疎なことがらや間違った議論を、あたかも重要で正しい議論であるかのように見せかけて、自分の主張を押し通すようなことになるかもしれない。これを「詭弁」という（➡コラム7）。
　話の辻褄が合わなくなれば、相手からの信頼や信用を得ることもできなくなるかもしれない。つまり、コミュニケーションで重要なことは、ロジカル（論理的）に話すということである。
　論理的に話すといいかにも難しいことのように思うかもしれない。しかし、それはさほど難しいことではない。自分は何がしたいのか、何ができるのか、そして何をしなくてはならないのかを明確にすればよいからである。

WILL-CAN-MUST で考える

　ここでは論理的に話すための1つのフレームワークを紹介しよう。それは、ビジネスでよく使われる「WILL-CAN-MUST」

詭弁とは

　内容空疎なことがらや間違った議論を、あたかも重要で正しい議論であるかのように見せかけて、自分の主張を押し通すことを「詭弁」という。仮に相手が言ったことが正論であっても、人は相手を批判するために、「詭弁」を弄して相手を思考停止させようとする。

　香西秀信著『論理病をなおす！──処方箋としての詭弁』（ちくま新書）（筑摩書房・2009年）によれば、さまざまな詭弁が使われている。

　例えば、「平和とは何ですか？」という質問を投げかけられたとする。平和という言葉はきわめて曖昧で、漠然と使われることが多い。したがって、この質問にどう答えようとも、さまざまな角度から批判できる。このような質問を「多義の詭弁」という。

　相手の意見を故意に歪めて解釈する人がいる。例えば、小学校で英語教育が必要だという議論に対して、「英語だけできればいいのか」と反論する。「藁人形攻撃」という詭弁である。

　「授業中はできるだけ音を出さないように静かにしなさい」といわれて、「それでは呼吸することもいけないということですね」というのは、過度に一般化して、関係のない議論で相手を批判する「滑り台の議論」という詭弁である。

　仮に相手が詭弁を使ってきたとしたら、どのように対処すればいいか。まずは、相手に同じ質問を投げかけてみること。「わからないこと」を恥じないこと。そして、何よりも重要なことは、時間をかけて議論し、それでも理解されなければ、議論を打ち切る勇気を持つことである。

である。

　多くの学生は卒業後の進路について悩んでいる。また、社会人も自身のキャリアについて現状のままで良いと思っている人は意外に少ない。そこで、現在、「キャリアプラン」というテーマについて論理的に考えるための研修が行われることが多い。その際によく使われるのが「WILL-CAN-MUST」というフレームワークである。このフレークワークの考案者は定かではないが、「WILL-CAN-MUST」という３つの視点で考えることによって、自身の進路先やキャリアプランを論理的に整理することができるようになる。

　また、「WILL- CAN-MUST」を常に頭に入れて考えるように習慣づけておくと、少し立ち止まって物事を考えることができ、自然に論理的に話すことができるようになるだろう。

　まず、「WILL」とは、「何をしたいか」ということである。おかれている状況や起こりうるリスクをとりあえず抜きにして、自分がやりがいを感じること、そして取り組んでいると心がワクワクするようなこと、それが「WILL」である。

　「CAN」とは、「できる」ことである。これまでの経験を通じて得た専門的な知識や能力を発揮することであり、それがその人が持つ「強み」にもなる。

　「MUST」とは、「すべきこと」である。社会や会社などの周囲の人たちから期待されていることであり、「使命」といい換えることもできる。WILL や CAN が自分を軸として考えるのに対して、MUST では自分が周囲から何を求められているのかを客観的に考えるのである。

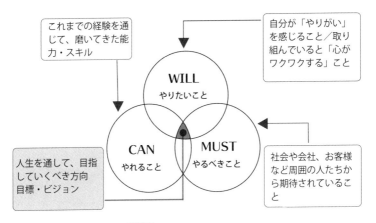

図2　WILL-CAN-MUST の関係図

　「WILL-CAN-MUST」は図2のように表すことができる。そして、「WILL」「CAN」「MUST」には必ず重なり合った部分ができる。その部分が、自らが個人として目指していくべき方向であり、いい方を換えれば、個人にとっての「目標」（あるいはビジョン）である。

コミュニケーションの基本としての対話

　さて、コミュニケーションの基本は「対話」である。「対話」とは、対立を避けず、相手に合わせることなく、自分と相手の意見の相違を確認し、意見の相違を乗り越えるために協働して問題解決に取り組むことである。
　実は、「対話」という言葉には、「向かい合って話すこと。相対して話すこと。2人の人が言葉を交わすこと」という意味も

ある。会話とか対談と同じような意味である。かつて日本で「対話」といえば、このような意味で使われてきた。例えば、慶應義塾の創立者である福澤諭吉は、『旧藩情』の中で、「……故に隔壁にても人の対話を聞けば、……」と書いているが、ここで使われている「対話」という言葉は、「向かい合って話すこと」である。また、明治の小説家の森鴎外の小説『山椒大夫』の冒頭に出てくる塩汲女と女中のやり取りを「はずんで来る対話」と表現しているが、これも相対して話すことを意味している。

　日本では、会話と対話はほぼ同じような意味で使われる場合が多い。不特定多数での話し合いが「会話」であり、２人で行う話し合いが「対話」という具合である。例えば、高齢社会を迎えている日本では AI（人工知能）による高齢者見守りが注目されているが、そこで使われる技術は「対話型」と呼ばれている。つまり、高齢者と AI の会話（朝起きると AI が「おはよう」と言ってくれる）が「対話」という言葉で表現されている。

　しかし、英語では「対話」と「会話」は峻別されている。「会話」（conversation）とは、con-（ともに）verse（向きを変える）-tion（こと、もの）であり、お互いに向き合って話すことである。一方、「対話（dialogue）（ダイアローグ）」の語源は、ギリシア語の「dialogos」（ディアロゴス）に由来しており、logos（言葉）と dia（〜を通して）、つまり「言葉を通しての意味のやりとり」であり、会話とは異なる。しかし、conversation を辞書で引くと「会話、談話、対話、座談」という訳語が当てられているので、少々ややこしくなる。異なる意味を持つ事柄や概念が同じ言葉で表現されるのは、無用な混乱を招く原因である。

「ハイコンテクスト」と「ローコンテクスト」

なぜ日本で「対話」と「会話」がほぼ同義語として使われているのだろうか。それは、そもそも日本には「dialogue」という概念がなかったからである。では、なぜ日本に「dialogue」という概念がなかったかといえば、「dialogue」なしでも特に困ることはなかったからだと考えられる。

日本には「阿吽の呼吸」という言葉がある。これは、2人で一緒に何かを行うときに互いの微妙な気持ちが一致していることを指す。また、「暗黙の了解」という言葉もよく使われる。黙っていても意思疎通が図ることができるということで、成文化されていないけれども皆が当然守るべきことを「暗黙の了解事項」という。さらにいえば、その場の空気を読んで、または相手の意思を察知できないことを「K・Y」（空気を読めない）などと揶揄することもある。対立してその場の雰囲気を壊さないようにするために、人は「空気を読む」のである。

異文化コミュニケーション学の先駆者であるエドワード・ホール（＊3）は、「コンテクスト」という概念を使って、社会構造の違いを説明している。

「コンテクスト」とは文脈、脈絡、状況などを指す言葉であり、言語学では「コミュニケーションの基盤となる言語や知識・体験などの共有度合い」のことである。ホール教授によれば、前

＊3 【エドワード・ホール（Edward Twitchell Hall, Jr.）（1914年〜2009年）】
米国の文化人類学者。異文化コミュニケーション学の先駆者。ノースウェスタン大学人類学科名誉教授。

提となる知識やカルチャーなどの暗黙の了解が多く、行間を読むことを求められる社会は「ハイコンテクスト」であり、一方、知識やカルチャーへの理解がなくてもわかるようなシンプル社会は「ローコンテクスト」である。

日本もローコンテクスト社会の時代に

　ホール教授の分類に従えば、日本は「ハイコンテクスト社会」である。つまり日本社会は、お互いのことがわかっていることが前提で成り立っている。だから、特に対話をする必要がないと多くの人が思い込んでいるのである。

　一方、典型的には米国のように、お互いのことがわかり合えていないことを前提とした「ローコンテクスト社会」では、互いに理解するために語ること（つまり「対話」）が重要な役割を果たすことになる。

　翻って、都市化とグローバル化が急速に進んでいる現在を考えると、「ハイコンテクスト」を前提とすること、つまり高い文脈でお互いを理解し合っていることを前提にすることはきわめて危険な時代になっていることがわかる。日本では、東京など大都市では個のつながりがほとんど消えて、隣に住んでいる人のことさえ知らないことも珍しくはない。また、いくつかの地域では、多くの外国人とともに暮らす社会になっている。昭和生まれの世代と平成生まれの若者世代のコミュニケーションも難しくなっている。日本はすでに「ローコンテクスト社会」に突入しているのである。

本当にお互いを理解し合えているかどうかはコミュニケーションを通じてしかわからない。つまり、すべての人が「ローコンテクスト」の前提で対話をする時代が到来している。すべての人が「対話」の能力を発揮できるような方向に移行する必要がある。

「対話」とは何か

対話についてのさまざまな定義

　ここで、「対話」についてもう少し詳しく考えてみよう。

　実は、「対話」についてはさまざまな人がさまざまな定義をしている。

　例えば、劇作家の平田オリザ氏は、「意識」という視点から「話し言葉」を、「独り言」、「反応・叫び」、「会話」、「(挨拶)」、「対話」、「教授・指導」、「説得・対論」「談話」「演説」の９つに分類し、「お互いのことをあまりよく知らない者同士が、『知らない』ということを前提として行う意識的なコミュニケーション」を「対話」と定義している。

　「会話」が「あのさー」で始まり、「説得・対論」が「私の考えは」で始まるのに対して、「対話」は、「私は」で始まるという平田氏の指摘は興味深い。

　米国の量子力学者で哲学者のデヴィッド・ボーム（＊4）によれば、「対話（ダイアローグ）」とは、２人の人間が協力して新たなものをつくる作業である。「対話」によって、グループ全

　＊4　【デヴィッド・ジョーゼフ・ボーム（David Joseph Bohm）（1917年〜1992年）】米国の物理学者。ペンシルバニア州立大学卒業、カリフォルニア大学バークレー校で理論物理学の博士号を取得。量子力学の世界的権威として知られる。理論物理学、哲学、神経心理学およびマンハッタン計画に大きな影響を及ぼした。

体に一種の意味の流れが生じ、そこから何か新たな理解が現れてくる。ボームは「対話」と「議論」（ディスカッション）の違いとして、「打楽器」（percussion）や「脳震盪」（concussion）と同じ語源を持つ「議論（ディスカッション）」（discussion）は、分析を重視し、それぞれの話し手がピンポン玉のように自分の考えを打ち合うようなものだと指摘している（＊5）。

　また、前出 (p.70) の安斎・塩瀬著『問いのデザイン』では、問いから生まれるコミュニケーションには「討論」、「議論」、「対話」、「雑談」の4種類があるとして、それぞれ次のような説明がある。

　すなわち、「討論」とは、どちらの立場の意見が正しいかを決める話し合いであり、「議論」とは、合意形成や意思決定のための納得解を決める話し合いである。

　また、「雑談」とは自由な雰囲気の中で行われる情報のやり取りである。

　それに対して、「対話」とは、自由な雰囲気の中で行われる新たな意味づけをつくる話し合いである。他者を打ち負かそうとしたり、答えを導こうとしたりする必要はなく、自分とは異なる意見に対して早急な判断や評価を下さずに、相互に「理解を深める」ことを重視する。「対話は」「4種類のコミュニケーションの中でも、固定化された『認識』と『関係性』に揺さぶりをかけてくれる」ものであり、その結果として「見たこともないようなアイデアが生まれる」と指摘している。

＊5　参照：『リーダーシップを鍛える「対話学」のすゝめ』田村 次朗・隅田 浩司（著）（東京書籍、2021年）。

「三人寄れば文殊の知恵」と対話

「対話」が重要であることは、「三人寄れば文殊の知恵」という諺があることからもわかる。この諺は、特に優秀な人でなくても、３人も集まって頭をひねれば素晴らしい知恵が出るということのたとえである。「文殊」とは、仏教における仏の一尊で知恵を司るとされている。本来は「悟り」の境地へ到るための「知恵」という意味だが、それが拡大解釈されて、「文殊」は頭の良さや豊富な知識を意味する言葉として使われるようになったといわれている。

「三人寄れば師匠の出来」という諺もあるように、普通の人でも３人集まって「対話」すれば、良いものができる。小説家の坂口安吾は「探偵小説とは」というエッセイで、次のように書いている。

> 「推理小説ぐらい、合作に適したものはないのである。なぜなら、根がパズルであるから、三人よれば文殊の智恵という奴で、一人だと視角が限定されるのを、合作では、それが防げる。智恵を持ち寄ってパズルの高層建築を骨組堅く組み上げて行く」

パズル好きが数人集まって合作すると良い推理小説が生まれるということである。そして、「推理小説」を「対話」に置き換えてみると「対話」の効用がよくわかる。つまり、１人で考えていると視角が限定されてしまってなかなか先に進まなくな

るけれども、３人が集まって、それぞれの智恵を持ち寄って話し合えば、「課題解決」の妙案が浮かんでくるはずだということである。

「対話」の目的は、協働して問題解決に取り組むことにある。重要なことは、年齢や会社の役職、あるいは高校生や大学生の学年などの序列を持ち込まないことである。「対話」とは、それぞれの人が自らの意見を自由に述べ、自らの見解に固執することなく、相手の意見を尊重して、より深く考えて、しっかりとした骨組みの議論をすることである。

「対話」を行う際の２つのポイント

「対話」においてとりわけ重要なことが２つある。１つは、相手のいうことに反対したり批判したりするのではなく、相手に対して肯定的にコミュニケーションをとることである。これを「ポジティブ・フレーミング」という。もう少し具体的にいえば、「相手に対する価値理解」を行い、「お互いを尊重した主張」を交わすことである。

「相手に対する価値理解」とは、相手の考えに価値を見出すことである。英語では、「アプリシエーション」（appreciation）（＊6）という。しかし、ここで注意しなければならないのは、相手の考えに価値を見出すといっても、相手の考えをそのまま受け入れるわけではないという点である。

次に、「お互いを尊重した主張」とは、相手の考え方を尊重

＊6　【アプリシエーション（appreciation）】真価。評価。批評、評論。

したうえで自らの考えについて誠実に主張するということである。このようなコミュニケーション方法を「アサーティブネス」(assertiveness)（＊7）という。日本語では「自己表現」、あるいは「意見表明」と呼ばれ、自分と相手を尊重した自己表現や自己主張することを意味している。例えば、ある事柄について相手から内容を確認する質問をされたときには、自分の説明が不十分だったことを認めて、相手に理解してもらえるよう丁寧に説明しなければならない。それが「アサーティブネス」である。逆に、こと細かな説明を面倒がって、「すでに説明した」と切り捨ててしまうのは、「アサーティブネス」に欠けるコミュニケーションである。

　これらのコンセプトはいずれも米国で生まれ、英語による対話を前提としている。しかし既に述べたように (p.71)、日本語の場合、それをそのまま表現することには注意が必要である。例えば英語では、上司であってもファーストネームで呼ぶ。それに対して日本語では、上司を下の名前で呼ぶことはほとんどあり得ない。苗字ではなく、「課長」、「部長」というように相手の職位で呼びかけることも多い。すなわち、言葉自体がいわゆる職制を意識したものになっている。このような状況下では、目上の人に対して自分の意見を表明すること自体が攻撃的に見られることがあり、相手が不快感を抱くケースもある。

　そこで、日本語における対話の中で価値理解とアサーティブネスを実践するには、あくまでも傾聴から、すなわち、相手の話を理解しようと耳を傾けるところからスタートしたい。

＊7　【アサーティブネス（assertiveness）】自らの要求を正当に表現すること。

具体的にいえば、価値理解は、「あなたの立場であれば、私も同じように考えると思う」という相手への理解を示す姿勢から始める、ということである。対立する相手に対して「あなたは間違っている、おかしい」と伝えたところで、溝は深まり、話し合いのスタート地点に立つことすら難しくなる。したがって、あなたの立場で、あなたの視点から見れば、私も同じように考えて行動していたと思う、というように相手に寄り添う姿勢を示し、互いに落ち着いて問題に向き合う状況をつくることが前向きな第一歩になる。

　一方、アサーティブネスについては、相手の話に対して「もう少し詳しく聞かせてください」と質問を投げかけ、傾聴から

対話に持ち込むことがポイントになる。あくまで自分の意見を主張しているわけではなく、傾聴を続け、対話が進む中で、自らの意見を伝える場面を引き出す。「こういう考えもあるようですが、どう思われますか？」といったように、第三者の意見としてテーブルに載せることで、相手は攻撃されているという感覚が緩和される。「こういう考え」というのが実際にはあなたの考えであっても、あなたは中立的な立場で発言していて、相手の意見に必ずしも反対しているということにはならない。

対話の前提となる「熟慮」

対話に際して必要なもう1つのことは、「熟慮」（Deep Thinking）である。

人間は日常生活において、必ずしも深く考えて行動しているわけではない。ほとんど習慣の中で生きているといってもいい。また、多くの場合、あることがらに対する条件反射として自動的に思考する。すべてのことに対して深く考えて行動すると脳が疲れてしまうからだといわれている。

心理学者でノーベル経済学賞を受賞したダニエル・カーネマン教授（＊8）は著書『ファスト＆スロー』（＊9）の中で、人間の

＊8 【ダニエル・カーネマン（Daniel Kahneman）（1934年〜）】イスラエル・米国の心理学者、行動経済学者。カリフォルニア大学バークレー校で心理学の博士号を取得。プリンストン大学名誉教授、およびウッドロー・ウィルソン・スクール名誉教授。

＊9 『ファスト＆スロー（上・下）　あなたの意思はどのように決まるか？』（ハヤカワ・ノンフィクション文庫）、ダニエル・カーネマン（著）、村井章子（翻訳）、（早川書房、2014年）。

脳には2つの働きがあると指摘している。

　1つは、直感や経験に基づいて働く「システム1」（Fast）であり、日常生活ではこの部分が活躍して、私たちの行動の大半の判断を下している。例えば、自動車の運転をする際に、ほぼ無意識に距離感や音の方角など感知しているのは、システム1の働きによるものである。

　もう1つは、よく考えて複雑な作業を行う「システム2」（Slow）の働きである。例えば、たくさんの文字の中から必要な情報だけを抜き出すとか、聞こえてきた言葉が何語かを聞き分けるというようなことで、高度な集中力が必要とされる。「会話」ではシステム1の働きに任せていいかもしれないが、「対話」では、システム2を使った熟慮が必要となる。（➡コラム8）

｜「熟慮」するために必要な3つのこと

　「対話」で「熟慮」するにはどうしたらいいか。ここでは特に重要な3つのことを指摘しよう。

　第1は、極端な単純化を避けることである。とかく私たちは、「イエスか、ノーか」あるいは「正しいか、正しくないか」と二者択一でものごとを考えがちになる。このような考え方を「二分法」という。「二分法」はシンプルな考え方と思いがちだが、ほとんどの場合、二分法で考えた時点で思考停止する。そして、安易な答えを見つけようとする。したがって、「対話」は成立することはない。

　組織学者のピーター・センゲ博士は、思考を停止して安易な

システム1とシステム2

　人間の脳で働いているシステム1は、印象、直感、意思、感触を絶えず生み出してシステム2に供給する。システム2がゴーサインを出せば、印象や直感は確信に変わり、衝動は意識的な行動に変わる。日常の生活をするうえでは、だいたいはこれでうまくいく。

　慣れ親しんだ状況においてシステム1がつくり上げたモデルは正確で、目先の予測もおおむね正しい。難題が降りかかってきたときの最初の反応も機敏で、だいたいは適切である。

　ただしシステム1には「バイアス」もある。「バイアス」とは、ある特定な状況で決まって起きる系統的エラーのことである。また、システム1は「単純化ヒューリスティクス＝近道の解決」を持つ上に、論理や統計はほとんどわかっていない。また、システム1は「スイッチオフ」できない。このように、人間（つまり人間のシステム2）が考えたり行動したりすることの大半は、システム1から発している。だが、物事がややこしくなってくるとシステム2が主導権を握る。最後の決定権を持つのは、通常はシステム2である。

　例えば、大きな音がするとその方向を向くのは、システム1が無自覚のうちに働くからで、それはただちにシステム2の意識的な注意力を呼び覚ます。2つのシステムが「注意」を共有しているのだ。しかし、システム2による「注意力」は「限度額が決まった予算」のように限られているため長続きしない。したがって、私たちはまったく明らかなものにさえ気づかないことがある。また、そうした自分の傾向にも気づいていない。

答え探しをすることを「安易な出口はたいてい元の場所への入り口に通ずる」という表現で戒めている。安易な出口を求めようとすると、堂々巡りを繰り返すことになることが多い。極端な言い方をすれば、「安易な出口は地獄の入り口」ということである。「熟慮」とは、二分法に陥ることなくさまざまな選択肢を検討することである。

　第2は、「無知であることを知ること」である。「無知の知」という言葉は、自らの無知を自覚することが真の認識に至る道であるとするソクラテスの真理探究への基本になる考え方としてよく知られている。「無知である」ということは、自分が持っている考えや思想をとりあえず脇に押しやって、既成概念から自由になって、「自分は多くのことについてほとんど何も知らない」ということを自覚することである。そして、相手の考えを聞き、自らよく考える（熟慮する）。そうすることによって、相手の考えに価値を見出すことができる。

　第3は、情報は常に不足しているという事実を知ることである。当たり前のことだが、ある事柄について完璧な情報が存在するなどということはあり得ない。したがって、私たちは常に情報不足のもとでものごとを考え、意思決定している。そう考えれば、熟慮が必要であることがわかる。

「対話」と「ブレインストーミング」

　次に、どのように「対話」をすればいいかを考えてみよう。ここでは、「対話」のために必要な2つのことを紹介したい。

1つは「対話」の際に「ブレインストーミング」（brainstorming）を使うことである。ビジネスの現場では、これを略して「ブレスト」と呼ぶことも多い。「ブレインストーミング」とは、ブレイン（brain：脳）とストーム（storm：嵐）を合わせた造語であり、嵐のように脳を猛烈に働かせることである。自由な考えを出し合ったり、想定外の発想を生み出したりするための便利な手法（ツール）として知られている。「ブレインストーミング」は、米国の広告代理店経営者で経営学者のアレックス・オズボーン（＊10）によって開発されたといわれ、次の5つの基本的ルールがある。

①他人の意見を批判しないこと

　　人は自分の発言や発案を批判されると発言意欲を失ってしまうからである。

②自由奔放に議論すること

　　一見奇抜に思われるような意見や暴論も、その後の議論で素晴らしいアイデアに発展するかもしれない。

③質よりも量を重視すること

　　良い意見を言おうとするのではなく、思いつくままにできるだけ多くの意見を出す。意見の量が多くなれば、それだけ予想外のアイデアが生まれる可能性も高くなる。

④ある人の発言につけ加えたいことを思いついたら発言すること

　　「それいいね」と肯定的に受け止めて、「こうできるかも？」

＊10　【アレックス・ファイクニー・オズボーン（Alex Faickney Osborn）（1888年〜1966年）】米国の実業家、著作家。ブレインストーミングの名づけ親。

とつけ加えていくことで、議論は盛り上がる。

⑤無理に結論を求めないこと

　最初から意見をまとめようとしたり結論を導こうとしたりすると、自由奔放な議論はできない。意見をまとめようとしないことがポイントである。

「対話」不全になるケース——パワープレイと承認欲求

　さて、ここまで現代社会において必要不可欠になった「対話」について説明してきたが、現実には、多くの企業や学校などで日々開催されている会議などでは、十分な「対話」が行われていないケースが数多くみられる。

　例えば、企業の序列が露骨に出ているケースである。会議のトップである部長や課長が一方的に話し、他の参加者は聞いているだけというもので、いわば「最初から結論が決まっていて部長や課長の説明を聞く会」である。多くの場合、序列が持ち込まれている会議では「対話」はあり得ない。権威ある人に同調してしまうのは人の常だからである。

　トップが会議を管理し支配することを「パワープレイ」と呼ぶ。そして、会議でパワープレイが日常的に行われるようになると、会社などの組織が誰からも批判されることなく極端な方向に向かう危険性が高まる。組織が極端な方向に傾くことを「集団極性化」という。

　もう1つのケースは、「承認欲求」が全面に出るような会議である。これは、一見活発な会議のように見えるが、実際には、

不毛な議論が果てしもなく続くだけのことが多い。人間誰しも「他人に認めてもらいたい」という欲求を持っている。同志社大学の太田肇（＊11）教授によれば、「承認欲求」があるからこそ人間は努力し、健全に成長する。他の人と協力したり、助け合ったりする動機も「承認欲求」から生まれることが多い。しかし一方で、承認欲求は、注目されるための自己顕示や乱行などにより、ある意味でもっと危険で、いっそう深刻な影響をもたらしかねないものである（＊12）。

「悪魔の弁護人」を使う

では、パワープレイや強い承認欲求などによる対話不全を避けるためにはどうすればいいのだろうか。

その１つの方法として「悪魔の弁護人」というツールを使うことは有用である。「悪魔の弁護人」とは、もともとはカトリック教会で故人を聖人として選ぶ際に、その人物の問題点を指摘する役割を担う人物（「列聖調査審問検事」）（＊13）のことである。イギリスの哲学者で経済学者のＪ・Ｓ・ミル（＊14）は『自由論』で、次のように書いている。

＊11 【太田 肇（1954年〜）】専門は組織論、組織社会学。経済学博士。兵庫県出身。神戸大学大学院経営学研究科修了。三重大学人文学部助教授、滋賀大学経済学部教授を経て、2004年から同志社大学政策学部教授。日本における組織研究の第一人者として知られる。

＊12 『「承認欲求」の呪縛』太田肇（著）（新潮社、2019年）。

＊13 【列聖調査審問検事】列聖とは、おもにキリスト教のカトリックにおいて、信者がその死後、信仰の模範となり聖人名簿に列せられるにふさわしいと公式に認められること。列聖調査審問検事は、列聖の候補者に対して、反対意見をのべる役目の人。

「諸々の境界の中で最も不寛容なローマ・カトリック教会であっても、聖者を列聖するときには、『悪魔の弁護人』を招き入れ、じっと耳を傾ける。もっとも聖なる人であっても、その人の難点だと悪魔がいうことのできるすべてが知られ考量されるまでは死者の名誉を認めてもらえそうにない」（＊15）。

　要するに、あえて反対する人を設定するのである。会議などで多数派の意見に対して、同質的な意見を避けるためにあえて批判や反論する人を設定する。そして、その人からの異論を聞くことで、冷静になることができる。反論や少数意見を大切にするようになる結果として、パワープレイを防ぎ、集団極性化に陥ることなく、「対話」ができるようになる。
　「悪魔の弁護人」は、少数意見を聞き、その主張を確認するための思考ツールである。

｜「対話」のある社会へ

　17世紀に生きたフランスの貴族ラ・ロシュフコー（＊16）は

＊14　【ジョン・スチュアート・ミル（John Stuart Mill）（1806年～1873年）】
　　　イギリスの哲学者。哲学・功利主義、経済学、政治学の3分野において大きな功績を残した。自由主義・リバタリアニズムのみならず社会民主主義の思潮にも多大な影響を与えた。
＊15　『自由論』（岩波文庫）関口正司（翻訳）（岩波書店、2020年）。p.51-52。
＊16　【ラ・ロシュフコー（François VI, duc de La Rochefoucauld）（1613年～1680年）】フランスの貴族、モラリスト文学者。名門貴族の嫡子としてパリに生まれる。多くの戦いに参加した後、彼の名を文学史上において不朽なものとする『箴言（しんげん）集』（1664～1678）を執筆。

著書『箴言集』の中で、「われわれは、自分と同じ意見の人以外は、ほとんどだれのことも良識のある人とは思わない」と書いているが、これは、まさに「対話」のない世界を意味している。そして、現在の私たちも、約400年前と同じような状況に置かれているのかもしれない。

21世紀初頭以降、日本では不祥事の組織的隠蔽、そして上司や権力者への忖度が目に余るようになっている。一方、世界各地ではポピュリズムが台頭している。「ポピュリズム」とは、長期的な視点で国の将来を考えることなく、今の自分の地位を守るために、大衆に迎合して人気をあおる政治姿勢のことである。

国際政治では論理や正義ではなく「力」がモノをいう時代になった。米国のトランプ前大統領、中国の習近平国家主席は力と駆け引きの外交交渉に終始して、世界中を混乱の渦に巻き込んでいる。ロシアのプーチン大統領は「対話」することなくウクライナに軍事侵攻した。

さらに、人々は上辺だけでつき合うことが当たり前になり、ＳＮＳによるコミュニケーションという「耐えられないほどの軽さ」に満足しているように見える。ハーバード大学の故ロジャー・フィッシャー（＊17）教授は、「多くの犠牲者を生み出した第2次世界大戦を回避できなかったのはなぜか」という問題意識から、「対話」の重要性を認識して交渉学の研究をはじめたという。

＊17 【ロジャー・フィッシャー（Roger Fisher）（1922年～2012年）】ハーバード大学名誉教授。交渉学プログラム研究所所長。「交渉学」の世界的権威。

「対話」とは、自分と違う意見の人がいるという不愉快な事実と向き合うことであり、不愉快な他人の意見と向き合う中から新しい解決策を見出すための方法である。今まさに「対話」が重要な時代になっている。

第4章

対話力で
集団力学を発揮する

会議・ミーティングと集団力学

　私たちは、学校や大学、会社、官公庁や非営利組織など、さまざまな組織に属しながら、個人として（あるいは家族単位で）生活している。「組織」とは「共通の目的を達成するために、計画的に構成された複数の人の集合体」である。通常、私たちは、個人生活のレベルでは、多くのことについて自ら思考し、自ら判断して、行動しているが、組織レベルでは、意思決定を行うための会議やミーティングを開催し、その決定に基づいて行動している。「意思決定」とは、組織が特定の目標を達成するために、複数の選択肢の中から最善の解決策を求めるために行う決断である。

　組織内の意思決定は、組織の中でのコミュニケーションを通じて行われる。日本では多くの場合、比較的少人数で行う話し合いを「ミーティング」と呼び、それよりも多めの人数で、ある程度フォーマルな形で行われる話し合いのことを「会議」と呼ぶ。本章では、「ミーティング」も含めて「会議」という言葉を使用する。当然のことながら、組織や集団で会議を行うのは、解決のための意思決定をしなければならない問題があるからで、その問題を解決するために行われる会議の課題を「議題」（アジェンダ）と呼ぶ。さらに、議題に基づいて組織や集団内で意思決定のために行われる会議で、より良い解決策を導き出す力を「集団力学」と呼ぶ。会議で集団力学が発揮されれば、より良い解決策が得られることになる。

1 会議のための基本事項

会議では「対話」がきわめて重要な役割を果たす

　組織内の意思決定においては、「対話」がきわめて重要な役割を果たす。

　組織内での「対話」について、量子物理学者で哲学者のデヴィッド・ボームは、会議の出席者全員が「心を開放する」という原則を受け入れることの重要性を指摘している。「心を開放する」とは、自らの「想定」（思い込み）をなくすということであり、そうすることによってはじめて自由なコミュニケーションが可能になるからである。（➡ p.90 デヴィッド・ボーム『ダイアローグ』）

会議で重要な4つのこと

　では、組織内の意思決定のための会議で「心を開放する」ためには、具体的にはどのようなことが必要なのだろうか。ここでは次の4つの点を指摘しよう。

　1つめは、そして最も重要なことは、会議に職制上の階級などを持ち込まないことである。一般に、組織が行う意思決定には業務的な意思決定と、行動の指針や中長期的な目標などについての戦略的意思決定がある。そして、ピラミッド型組織では、業務的な意思決定が次々に上層に挙げられて、最終的には組織

のトップが戦略的意思決定を行っている。このような組織では、とかく組織内の各部署のトップが会議を主催するケースが多く、結果的に「トップダウン型意思決定」が行われる。つまり、会議で「対話」が行われることはないので、新しい価値創造はほとんど期待できない。

　2つめは、個の役割が重視されなければならないということである。そのためには、会議の参加者全員が、自由に意見が言えることが重要であり、その結果として、「協働型」の意思決定が行われることが期待できる。

　3つめは、意見の対立を恐れないことである。「意見」とは、その人の環境や生活から生み出される個人的な見解であって、それぞれの個人の意見が異なるのは極めて自然のことである。したがって、意見の対立が生じたとしても、互いに相手の意見を尊重し、相手の話に真摯に耳を傾けることが必要である。

　4つめは、意見が変わることを認め合うことである。会議とは、それぞれの意見を出しあって、より良い解決策を模索するプロセスである。したがって、会議での「対話」の過程で、意見が変わるのは当たり前のことである。

　以上の4つに留意して会議で「対話」を行うことができれば、新しい価値創造を行うことができるはずである。

職制上の序列が持ち込まれている会議

　しかし、「言うは易く行うは難し」といわれるように、現実に日々行われているさまざまな「会議」では、以上の点に留意

110

した「対話」が行われているとはいい難い。よく見られるのは、会議で職制上の序列が持ち込まれるケースである。例えば、企業で部署レベルでの会議では、多くの場合、部長が正面に座り、課長以下の部下がその周りを取り囲むように座ることが多い。

　そして、会議が始まると、まず部長が議題についての自説を滔々と述べ、「何か意見はありますか」と聞く。誰もほとんど意見をいわない。したがって、すべては部長主導で決まってしまうのである。

　果たしてこれを「会議」と呼べるだろうか。否である。なぜかといえば、対話がないからである。会議というよりも、「部長の説明を聞く会」であり、部長の独演会である。

　会社などの組織は、「人間」という資源（人的資源）が集まって構成されている。したがって、職制上の地位や立場を別にすれば、より優秀な人材がいるかもしれない。それにもかかわらず、豊かな人的資源の存在がまったく無視されている会議を行うのは、まさに「宝の持ち腐れ」である。

┃ パワープレイに気をつけよう

　職制上のトップが会議を管理し、支配することを「パワープレイ」という。会議で序列が持ち込まれると、フラットな関係をつくり出すことは難しく、「対話」はほとんど期待できない。逆にいえば、職制上の序列が持ち込まれる会議で「対話」を実現するためには、職制上のトップ自身がパワープレイを行わないように配慮することが必要である。つまり、トップとしての

人間の力量が問われるのである。

　パワープレイの会議が横行すると、組織にとって極めて危険な事態をもたらすことになりかねない。

　例えば、職制上トップの保身のために会議が行われることである。パワープレイで進行する会議は、多くの場合、結論は最初から決まっている。つまり、トップからの提案以外の結論はあり得ないということが暗黙のうちに了解されている。したがって、実際には、会議を行う意味はほとんどない。

　では、ほとんど意味のない会議をなぜ行うかといえば、それは、職制上のトップの独断ではなく「会議」で決定したという「お墨つき」を得るためである。つまり、トップは、「会議」の決定が結果的に正しければ自分の手柄とし、仮に間違ったものであることが後で判明した場合には、「会議」での決定事項だとして、責任逃れをしようとしている。その意味で、パワープレイが横行する会議は職制上のトップの自己保身のために行われるといえる。

　パワープレイが横行する会議はもう１つの危険も孕んでいる。それは、誰からも批判されことなく組織が極端な方向に向かうという危険である。

　会議の参加者が深く考えることもなく、誰も反対せずに、全員が賛成してしまうと、組織は知らず知らずのうちに、極端な方向に向かっていく可能性がある。このような傾向を「集団極性化」という。「集団極性化」の行き着く先は、最悪の場合、組織の解体あるいは会社の倒産ということになるかもしれない。

　会議は組織の現状を映す鏡といわれる。会議で参加者がよく

考えずに上司の意見に従ってしまうと、組織は大きな代償を払うことになりかねない。たかが会議ではないかと侮ってはいけない。

「対話」を最大限に活かす

対話による新しい価値創造のための５つの要素

　繰り返しになるが、会議で重要なことは「対話」を最大限活用することである。では、どうすれば、会議で「対話」を活用することができるだろうか。ここでは、次の５つの要素を重視することを提案したい。実は、５つの要素の英語の頭文字を並べると「Ｓ・Ｐ・Ｉ・Ｃ・Ｅ」になる。したがって、対話による新しい価値創造のための５つの要素を「スパイス」（SPICE）と呼ぶ。

①議題（アジェンダ）に関係する「状況把握・利害関係者分析」
　（Situation, Stakeholder）を十分に把握すること
　　自分が置かれている状況を把握するとともに、自分以外のさまざまな「利害関係者」がどのくらいいるのかを確認し、その利害関係者について可能な限り事前に調査・分析して、よく理解しておくとよい。
②自分の視点に加えて、さまざまな利害関係者の視点
　（Perspective）で考えること
　　議題について自分の「視点」だけではなく、利害関係者のさまざまな視点を取り入れることによって、議題全体の見取り図（Perspective）を描くことができるようになる。

③議題についての「課題」(Issue) を設定すること

　限られた時間の中で、できるだけ多くの利害関係者を探り、多くの視点から考え、多くの課題設定を行うことが重要である。このような方法を「拡散」という。ただし、ここで注意しなければならないことがある。それは、課題設定を急がないことである。十分な時間をとることができない会議の場合には、「状況把握」「利害関係者の洗い出し」や「視点」については、会議参加者に事前に準備してもらっておくとよい。そして、会議の冒頭で、「状況把握」「利害関係者の洗い出し」「視点」について、それぞれが発表しあって共通理解をしておく必要がある。

④複数の解決策を用意すること

　自分と相手（利害関係者）の利益を最大化し、双方が納得して満足できる解決策の選択肢を「創造的選択肢」(Creative Options) という。

⑤複数の選択肢を評価して意思決定すること (Evaluation and Decision Making)

　選択肢の「評価」と「意思決定」のプロセスでは、絞り込む作業（「収束」）がポイントになる。

　以下では、「スパイス」を1つずつわかりやすく順に説明することにしよう。また、最後に、「議題」について1つの事例(p.132～p.136) を掲げ、スパイスのそれぞれについて具体的に解説しているので、それを参考にしながら、読み進めていただければ、より理解が深まるはずである。

（1） 状況把握・利害関係者分析（S）

　まずは、5つのSPICEのうち1番目の「状況把握・利害関係者分析」（S）について説明しよう。

　会社や官公庁あるいは学校などで、日々、さまざまな議題で行われている会議で最も重要なことは何か。それは、議題についての共通の目標であり、できるだけ多くの利害関係者が満足できるであろう究極のゴールを見つけ出すことである。究極のゴールを「ミッション」と呼ぶ。

　会議での決定事項には、さまざまな利害関係者が何らかの影響を受ける。したがって、会議では、それぞれの利害関係者についての情報を可能な限り数多く集めておくことが重要になる。例えば、会社での会議では、原材料の調達先企業や協力企業などのサプライチェーン、社内の従業員、顧客、関係する自治体や政府機関など、さまざまな利害関係者を考える必要がある。学校であれば、学生、教職員、保護者、卒業生、他校、官公庁、近隣住民など、さまざまな利害関係者が存在する。

　では、さまざまな利害関係者についてどのように分析すれば良いのだろうか。その際に参考になる1つの方法が、マーケティングの手法の1つとしてよく知られている「市場・顧客」、「競合」、「自社」の3者を分析する「3C分析」である（図1）。

　①市場・顧客：Customer
　　ある事業を成功させるためには、どのような顧客がいて、どのようなニーズがあるかを分析する。

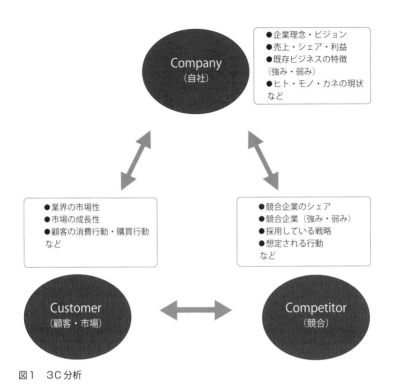

図1　3C分析

②競合：Competitor

　競合する製品を生産する他企業の現状やシェア、強みと弱み、市場における評価などを行う。

③自社：Company

　自社の強みと弱み、市場における評価を分析する。

　一般に会議では、この3Cに加えて、より広範な利害関係者に関する情報を集めることが重要である。（➡「事例解説（1）」参照）

（2）視点獲得能力（P）

　SPICE の２番目（P）は、さまざまな利害関係者の「視点」（Perspective）で考えることである。

　とかく人は、すべての人が自分と同じ考え方に立って行動すると考えがちだが、それは大きな誤解である。量子力学者で哲学者のデヴィッド・ボームが指摘するように、人々の考えは生まれ育った環境から生まれる「想定」と「意見」で成り立っているからである。

　つまり、その人が置かれている状況や立場が自分と異なる場合には、その人は自分とは異なる考え方をするということである。すべての人は、生まれも違えば育ちや教育環境も違う。また、すべての人は消費者であると同時に生産者でもある。ある企業の社員であると同時に、住んでいる地域の自治会の役員をしているかもしれない。

　したがって、「議題」（アジェンダ）についてのすべての利害関係者が考えていることは、必ずしも自分と同じではないということを前提にして、すべての利害関係者がどのような視点を持っているかを推量するのである。

　当たり前のことだが、ほとんどの利害関係者は会議には参加していない。したがって、発言できない利害関係者の意図を読み取ることが重要になる。また、さまざまな利害関係者の利害は複雑に絡まっているかもしれないので、それぞれの立場に立って彼らの視点を読み取り、それを客観的にとらえることも重要である。

さまざまな利害関係者の視点に立って分析する力を「視点獲得能力」という。視点獲得能力が高い人は、利害関係者の意図をより正確に理解できる。また、会議においても、他の出席者の表面的な訴えや振る舞いだけではなくその背後にも目を向けることができる。

　自らの感情を調整し、会議で極端な意見対立が起きることを回避することも、視点獲得能力の重要な要素である。視点獲得能力の高い人は、自分の感情をコントロールして、それぞれの参加者が何を考え、どういう意図で発言しているかを推し量ることができるだろう。（➡「事例解説（2）」参照）

(3) 課題（I）設定と利用可能性バイアス

　SPICEの3番目（I）は、「課題」（Issue）を明確にすることである。

　ここでいう「課題」とは、会議で「目指すべき最も重要なこと」という意味である。「課題」を抽出するためには、さまざまな意見をできるだけ広く集め、その後でまとめるという方法が望ましい。まずは「拡散」してから「収束」させるのである。また、状況把握（S）と視点獲得（P）が十分に行われる結果として「課題」が浮かび上がってくることが多いことも指摘しておきたい。

　実は、「課題設定」は思いのほか難しいものである。そこで、「とりあえず思いついた課題でいい」と考える人がいるかもしれない。とかく人は目の前の情報や入手しやすい情報だけを利

用してしまうからである。それは、人間の思考にはさまざまな「バイアス」があるからである。

　自分の価値観や考え方に合致する情報に多く触れてしまうことを、「選択的接触バイアス」という。

　また、自分に都合の悪い情報は無視して自分の考えを裏付けるような情報を受け入れる傾向もある。これを「確証バイアス」という。

　さらに、ある人の情報を都合の良いところだけ利用することもある。これを「利用可能性バイアス」という。

　このようなさまざまなバイアスがあることを自覚的に意識しながら、できるだけバイアスを避けて、予断を持たずに情報を分析して「課題設定」を行うことが重要である。（事例解説（3）参照）

　ここで、「課題設定」のために使うと便利な2つのツールを紹介しよう。1つは、「バレットタイム思考」といわれる方法である。もう1つの方法は、「因果関係」と「相関関係」の違いを明確にして情報を分析することである。

①バレットタイム思考

　1999年に日本でも公開された映画『マトリックス』では、被写体のまわりに複数台のカメラを並べて、被写体を連続撮影し、被写体の動きはスローモーションで、カメラワークは高速で移動するシーンが話題になった。「バレットタイム」と呼ばれる360度撮影の手法である。この言葉を借りて、あらゆる方向から情報分析をすることを「バレットタイム思考法」と呼ぶ。

② 「因果関係」と「相関関係」の違いを明確にして情報を分析

第2章［2］で説明したように、2つの事象のうちのどちらか一方が原因となって他方の事象が結果として起きることを「因果関係」という。因果関係を正確に知ることは、情報分析の基本といってもいい。

しかし、世の中には「相関関係」も数多く存在する。一方の事象の値の大きさと、別の一方の事象の値の大きさにある種の関連性があれば、それを「相関関係」があるという。

「因果関係」と「相関関係」を混同して、相関関係にすぎないことを因果関係だと思い込んで誤った判断をしてしまうので注意が必要である。

(4)「創造的選択肢」(C)―複数の解決策を用意

SPICE の4番目（C）は、「課題」（イシュー）をもとに複数の解決策の選択肢をつくり出すことである。もちろん、すべての利害関係者を満足させることができる解決策を簡単に導き出すことは簡単ではない。ではどうすればいいのだろうか。

解決策の選択肢を考えるためには、思考を活性化させて、課題を「こねくり回す」ことが重要である。ここでは、課題をこねくりまわして思考するための2つの手法を紹介しよう。

1つは、インフルエンス・ダイアグラム（影響図）で、簡単にいえば、ある選択肢を選んだ場合にその後どのような経過をたどるかをシミュレーションすることである。（➡コラム9）

もう1つの方法は、課題を解決するのではなく、解決しない

インフルエンス・ダイアグラム

科学ジャーナリストで世界的なベストセラー作家として有名なスティーブン・ジョンソン（＊1）は著書（＊2）の中で、19世紀初頭に行われたニューヨーク・マンハッタンの「コレクトポンド」と呼ばれる池の埋め立ての事例を紹介し、「インフルエンス・ダイアグラム」の重要性を次のように指摘している。

コレクトポンドは地下から水が湧き出ている清浄な池だった。ところが、18世紀後半には池のほとりになめし皮工場が建設され、池周辺の湿地は動物の死骸の廃棄場になり、「漏れ出したゴミ、……小便、大便、何もかも、遠くからでも引き寄せるすさまじい穴」になり、池の水は汚染が進んで飲めなくなった。

市民団体は周辺の丘を含めたあたり一帯を市民公園にすることを提案した。しかし、市は池を埋め立てて高級住宅地にする計画を立てて実施した。コレクトポンド跡地には立派な住宅街ができ、富裕層が暮らす新しい街に変貌した。

しかし、その後、地中の微生物の働きによって、地盤が沈み始め、土地から腐敗臭が発生し、数年のうちに富裕な住民は逃げ出し、住宅価値は暴落した。替わりに、最も貧しい住民が集まり始め、その土地は犯罪と堕落の地として世界中に有名になった。

「コレクトポンドの埋め立て」から得られる教訓は、次のようなことである。

人間は、熟考型の長期的意思決定をする能力を持っている。したがって、プラスとマイナスの影響を一緒に分析するツールの役割は大きい。つまり、池の埋め立ては、プラスのスパイラスが生じれば経済発展につながるかもしれな

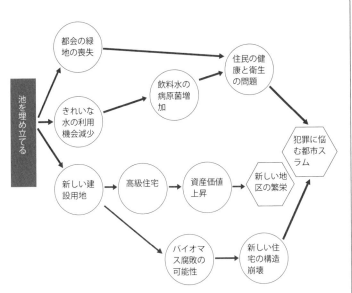

都会の緑地の喪失

住民の健康と衛生の問題

池を埋め立てる

きれいな水の利用機会減少

飲料水の病原菌増加

犯罪に悩む都市スラム

新しい建設用地

高級住宅

資産価値上昇

新しい地区の繁栄

バイオマス腐敗の可能性

新しい住宅の構造崩壊

図2　インフルエンス・ダイアグラム（影響図）の例（スティーブ・ジョンソン『世界が動いた「決断」の物語【新・人類進化史】』p.65）

いが、マイナスのスパイラルが起きれば、スラム化という事態が起きるかもしれないということがわかったはずだと

いうことである。ちなみに、現在は、その地には政府庁舎と高層ビルが立ち並んでいる（図2）。

---

* 1　【スティーブン・ジョンソン】米国国籍。科学ジャーナリスト、コラムニスト。サイエンス、ソフトウェア、ポップカルチャー、メディアなど、専門ジャンルは多岐にわたる。著書は『マインド・ワイド・オープン』『ダメなものは、タメになる』『感染地図』『世界をつくった6つの革命の物語　新・人類進化史』など多数。
* 2　『世界が動いた決断の物語【新・人類進化史】』（朝日新聞出版、2019年）。

（あるいは課題を悪化させる）方法について考えること。「アンチプロブレム」という手法で、正反対の課題を考えることによって解決すべき課題が見えてくることも多い。具体的に説明しよう。

① 「アンチプロブレム」手法
「アンチプロブレム」とは、課題を解決するのではなく、解決しない（あるいは課題を悪化させる）方法について考えるという手法である。正反対の課題を考えることによって解決すべき課題が見えてくることも多い。
例えば、次のようなケースが考えられる。

・「ある商品をヒットさせる」という課題では、「その商品を1個も売れなくするにはどうすればいいか」を考える。
・「新規顧客を獲得するにはどうしたらいいか」という課題では、「どうすれば新規顧客を獲得しないですむか」を考える。
・「イノベーティブな会社にするためにはどうすればいいか」という課題では、「イノベーティブな要素をすべて排除した会社にするためにはどうすればいいか」を考える。
・「選挙の投票率を上げる」という課題では、「投票率を0％にするための方法」を考える。
・「出生率を上げる」という課題では、「出生率を減少させるための方法」を考える。

どうしたら課題を解決できるかを正攻法で考えると、とかく行き詰まってしまうことが多い。そういうときには、課題

を逆から考えてみるのである。そうすると、思いもよらぬ面白いアイデアが出てくることもある。それを防止するアイデアを考えれば、課題に対する解決策の選択肢ができあがる。課題をこねくり回して選択肢を導き出す際には使ってみてほしい手法である。

②複数の解決策の選択肢をつくり出す際の注意事項

　ここで、引き出された「課題」（イシュー）をもとに複数の解決策の選択肢をつくり出す際の注意事項を指摘しておきたい。それは、最低でも2つ以上の解決策を策定するということである。

　例えば、あるコンピュータ部品メーカーが、高性能画像処理ＣＰＵの開発を継続するかどうかという「課題」を検討し、「開発するか、断念するか」という選択肢を考えたとする。しかし、「課題」に対するこの選択肢は望ましいとはいえない。「開発するか、断念するか」という二分法で考えているからである。

　一般に、ある「課題」に対する解決策を検討する場合に、2つの選択肢をあげてそれぞれのメリットとデメリットを比較することが多い。「プロ・コン型」といわれる手法で、この例でいえば、「開発した場合」と「断念した場合」のメリットとデメリットを考えて比較して判断するというものである。しかし、メリット（プラス面）とデメリット（マイナス面）として挙げられるものには定性データが多い。つまり、それぞれのメリットとデメリットは必ずしも一対一で対応してい

ない。また、主観的な判断が含まれているため、分析者によっ
て結果が変わることもある。要するにメリットとデメリット
を正確に比較することはできないということである。

　もう1つの方法は「シミュレーション型」で、この例でい
えば、開発と断念というそれぞれの選択肢をしたときに、例
えば2年後に「どうなっているか」を考えるというものであ
る。先に紹介した「インフルエンス・ダイアグラム」と似た
手法であり、「プロ・コン型」よりも望ましく、「賛成か反対
か」という二分法の議論に陥ることも防いでくれる。（➡「事例
解説（4）」参照）

(5) 複数の選択肢のそれぞれを評価して意思決定（E）

　SPICE の5番目（E）は、対話のプロセスで得られた複数の
選択肢のそれぞれを評価して意思決定することである。これは
会議での意思決定は最も困難なことといってもいい。なぜなら、
間違った意思決定をすることもあり得るし、より望ましい選択
肢もあるかもしれないからである。そして、そもそも世の中の
出来事に唯一の正解などあり得ないからである。

　もちろん、会議での意思決定がそのまま実行に移されること
は少ない。多くの場合、最終的な意思決定はリーダーに委ねら
れる。したがって、より良い意思決定をするためには優秀なリー
ダーの資質が欠かせない。

　コーネル大学のデイヴィッド・ダニングとジャスティン・ク
ルーガーは、「能力の低い人物ほど自らの発言や行動について、

実際よりも高い評価を行ってしまう傾向がある」と指摘している。これは、「ダニング・クルーガー効果」といわれる認知バイアスで、能力が不足している人間ほど自信過剰に陥る傾向があるということである。逆に、能力の高い人ほど自らを過小評価する傾向がある。洞察力のある優秀なリーダーは、自分が下した意思決定について必ずしも確信しているわけではないということである（＊3）。

しかし、会議では最終的に何らかの意思決定を下さなければならない。そこで、次に良い意思決定がなされるために留意しておくべき4つのことについて解説しよう。

①熟慮・熟考し、2つ以上の選択肢を用意する

1つは、熟慮・熟考し、2つ以上の選択肢を用意することである。

スティーブン・ジョンソンは、著書『世界が動いた「決断」の物語　新・人類進化史』で、最終的に最も重要な意思決定をする際に、「人は本能や直感に頼ることなく、時間をかけて熟考している」と指摘している。また、ジョンソンは、同じ書物の中で、意思決定に際して最初に俎上に載せたもの以外の選択肢を積極的に探した事例が全体の15％に過ぎなかったことを明らかにした研究を紹介するとともに、「選択肢を1つしか検討しない場合には50％の確率で自らの決定

＊3　【参考】Kruger, Justin; Dunning, David (1999). "Unskilled and Unaware of It: How Difficulties in Recognizing One's Own Incompetence Lead to Inflated Self-Assessments". Journal of Personality and Social Psychology 77 (6): 1121–34。

を失敗と判断しているのに対して、２つ以上の選択肢が検討された決定は３分の２の確率で成功と感じている」という研究結果を紹介している。

　意思決定に際しては、最低でも２つ以上の選択肢を用意することが必要である。

②意思決定に作用するかもしれない心理的なバイアスに気をつける

　人はとかく安易な連想に陥りやすい。例えば、営業が不振であれば、もっと営業をがんばれ、という発想をしがちである。

　また、理解しやすいものは正しいと錯覚する。「ある商品を売るためには安くしなければいけないので廉価版を出す」という発想であり、これを「認知容易性バイアス」という。

　さらに、自分の信念に近いものを信じるという「確証バイアス」もある。よい製品は必ず売れるからといって性能をよりアップするような例である。

　ある人物の特定の業績だけを見てすべてにおいて優秀だと評価することもある。海外事業で実績のある部長に任せれば国内での営業不振は解消されるというように考えることで、「ハロー効果」と呼ばれる。

　このようなバイアスはすべて、熟慮せずにお決まりのやり方に飛びつくという「近道」をしようとすることから生じる。近道していては、より良い意思決定に導くことはできない。

③意思決定を歪ませる思考の障害を意識する

例えば、過去に行った投資は回収不能であるにもかかわらず、それを取り戻すためにさらに投資を拡大しようとすることがある。すでに行ってしまった投資を「サンクコスト」（埋没費用）という。サンクコストは無視するのが経済学の教えるところである。また、今持っている資産などについて、実際以上に大きな価値があると思い込む心理的バイアスもある。例えば、M＆Aの価値評価などで実際以上の価値があるものと思い込むと、意思決定を間違えることになる。

④意思決定を精査する

あらゆる意思決定には必ずリスクが伴う。世の中の問題に絶対的な正解などあり得ないからである。したがって、1つの意思決定を下す際には、その意思決定が最良のものであるかどうかを確かめておく必要がある。

意思決定の質を確認する思考ツールとして「悪魔の弁護人」（→p.102参照）という方法があることは、すでに第3章で説明したので参照していただきたい。（→「事例解説（5）」参照）

ここまで、SPICEのそれぞれの説明を行った。これら一連のポイントを踏まえたうえで、さらに「拡散」と「収束」を意識して議論を進めると、対話はいっそう成功に近づいていく。

「拡散」とは、出された意見をすぐに評価せず、できる限り多くの意見をテーブルに載せることである。そして「収束」とは、出された意見に優先順位をつけて選択を行い、次のステッ

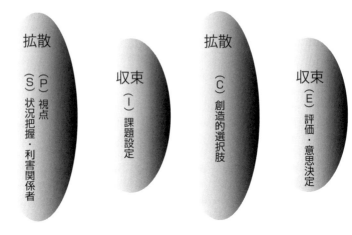

図3　SPICE の構造

プや結論へと導いていくことである。SPICE のプロセスの中では、具体的には次のようになる。(図3)

　まず、利害関係者を炙り出し（S）、その視点（P）からはどのように見え、どのように考えるのかを検討する。この段階では「拡散」を行う必要がある。

　次の課題（I）では、「収束」を意識する。SP の段階までで、あらゆる利害関係者からの視点が明らかになっている。そのうえで、ミッションの実現にはどのような課題が浮かび上がってくるのか、ということである。

　そして、その課題を解決、克服するための創造的選択肢（C）を検討する際には、再び「拡散」を意識すると良い。たとえ愚案と思われるものであっても、その時点で否定的な評価をしてはいけない。

判断を下すのは、最後の評価・意思決定（E）の段階である。あらゆる選択肢がある中で、実際にどの案を採用するのかを評価し決定する、すなわち最後の「収束」を行うのである。

　従業員 3000 人規模の企業で「会議」が開かれている。

　この会社では、工作機械や建材の卸とともに、10 年ほど前から自社ブランドで電気ストーブや扇風機などの家電を生産・販売し、その売り上げは現在では会社全体の約 4 割を占めるに至っている。

　このたび、家電部門をさらに拡大するためにエアコンの生産に乗り出すことが経営戦略で決定され、各部署から 30 代前後の社員 5 人が選抜されて、「新商品エアコン」について検討することになった。

　今回が第 1 回目の会議である。

議題「AI などの新技術を活かした新商品エアコンの開発・販売戦略」

　出席者はお互いの顔を知っている程度の関係であるため、会議は自己紹介から始めることにした。パワープレイを避けるために、年齢や入社年、肩書については言わないことにして、名前と趣味、家族構成、はまっていることなどについて簡単に自己紹介したあと、趣味やはまっていることついて、それぞれが質問し合った。

　自己紹介に充分な時間をとった効果はてきめんだった。話し合いに入る前に、5 人はそれぞれが入社以来の知り合いのようになっていた。自由に発言すること、話の途中で口を挟まないこと、相手の意見に対して否定的に評価を下さないこと、意見を述べたいときはネームプレートを立てることなどを再確認した。

　会議は「SPICE」を使って以下のように進行した。

＊この事例は、SPICE の適用を説明するものであり、現実のエアコン業界の事情を反映したものではない。

(1)「状況把握・利害関係者分析」(S)

AI (Artificial Intelligence: 人工知能) とは、これまで人間にしかできないと考えられていた認識、推論、言語運用、創造などの知的な行為を、コンピュータを使って行う技術のことである。当然のことながら、会議の出席者は AI について事前にそれぞれ調べている。今回は、議題に沿って、時代の潮流に合致したエアコンの開発をミッションに検討を行うことになった。

まずは、新商品を投入する際の利害関係者を洗い出すことに

なり、以下のような利害関係者が明らかになった。

[政府機関]
　環境省、厚労省、経産省
[協力企業]
　業務提携会社、下請会社
[顧客]
　販売ルート、消費者
[社内関係者]
　経営企画部、法務部、営業部
[競合他社]
　大手家電メーカー、新興家電メーカー

利害関係者のマップ

調達、協力企業、政府機関など　　顧客

新技術製品

社内の関係者　　競合他社

⑵「視点獲得能力」(P)

それぞれの利害関係者については次のような視点の指摘が出た。

○協力企業・政府機関

[業務提携会社] AI の技術面での協力ができるか

[下請会社] 新しい部品の製造ができるか

[環境省] CO2 排出などの環境規制

[厚生労働省] 超過労働などについての規制

[経済産業省] AI 産業の方向性

○社内関係者

[経営企画部] 10 年後を見据えた会社の全体方針

[法務部] 法規制対策

[営業部] 競合他社との競争に勝つためにどのように販売するか

○競合他社

[大手家電メーカー] 低価格商品の出現に反応

[新興メーカー] 同価格帯の類似新商品の出現に反応

○顧客

[販売ルート] 家電量販店、インターネット、直販を活用

[消費者] 高齢者、若者、在宅勤務者に対応

[ニッチ消費者] ペット飼育家庭を狙う

⑶「課題」(I) 設定

AI 機能を搭載したエアコンはすでに販売されている。したがって、どのような層を対象に、どの程度の価格帯で、どのように製品をアピールし、どのように販売するかが課題である。

例えば、現在の AI エアコンは、部屋にいる人数によって適温調整が行われ、「帰宅時に暖かい（涼しい）部屋にしておける」などさまざまな機能がついているが、機能が高度化すればする

ほど高価格になるという課題がある。また、ペットを飼っている世帯が増えていることを考えると、「ペットに優しいエアコンとは？」という課題も見えてくる。さらに、環境配慮を重視する消費者から見ると、使用時に排出する CO_2 も課題であり、環境省や経産省も CO_2 排出削減に注目している。

⑷「創造的選択肢」（C）

それぞれの視点でさまざまな課題を考えた結果、次の7つの選択肢があがった。

① AIがその家族が希望する適温をつくり出してくれる機能を搭載した低価格エアコン。

②冷房は「冷気」を出すが、暖房は「温風」を使わない、したがって空気が乾燥しないエアコン。

③ペット重視（つまり、足元重視）のエアコン。

④リモコンは廃止して、音声認識でオン・オフができるエアコン。

⑤スマートフォンで外部から操作できるエアコン。

⑥ CO_2 排出量が表示されるモニター付きエアコン。

⑦経産省や環境省に掛け合って、政府認証の新しい「エアコン環境基準」をつくる。

　7つの選択肢のいくつかは、すでに商品化され、競合他社で販売されている。しかし、②③④を突き詰めていくと創造的な製品をつくることができるかもしれない。いずれにしても、次の検討事項としては、すでに販売されているAIエアコンの機能や価格帯をより詳細に分析することが必要である。

　また、「良い商品をつくれば必ず売れる」というのは供給側の誤った思い込みであることを再確認して、消費者および社会が求める新商品を、低価格で、どの層に向けて、いかに販売するかをさらに精査する必要があるという結論に至った。

第 5 章

交渉力で
WIN-WIN を実現する

「交渉」とは利害関係者間の話し合い

　私たちは日常会話では、交渉という言葉はほとんど使うことがない。したがって、交渉という言葉を聞くと、ある種の堅苦しさと面倒くささを感じる。

　春闘で労使の「団体交渉」が行われると聞けば、自分たちの賃金はどうなるのだろうかと気にかかるが、自分で積極的に賃金交渉をしたいとは思わない。国際間で紛争が起きたときや自由貿易のための連携などについて交渉が行われているが、多くの人にとってほとんど自分ごととは思えない。

　もちろんビジネスの世界では、日常的に交渉が行われている。時にはライバル企業と提携のための交渉を行ったり、協力を求めるための交渉を行ったりしている。だが、多くの場合、自分（あるいは自社）がいかにうまく立ち回るかを考えることに終始している。

　ところが、実際には、私たちは日々の生活の中でさまざまな交渉をしている。例えば、家電量販店で家電製品を買うときに「もう少し安くならないか」と聞くことは交渉である。車を買うときにも、家を買うときにも、車の販売会社や不動産仲介業者などと交渉する。子どもは親と小遣いの増額交渉をしたいと考えている。

　交渉とは、何らかの利害関係が生じている関係者間で行われる話し合いのことであり、英語では「ネゴシエーション」（negotiation）という。

1 「交渉」とは何か

交渉ではリーダーシップ基礎力が求められる

交渉とは何だろうか。

ハーバード大学の故ロジャー・フィッシャー教授によれば、交渉とは、共通する利害や対立する利害があるときに、お互いに他者への要求をできるだけ通そうとするとともに、相互が満足できる合意に達するために行う相互コミュニケーションである。言い方を換えると、交渉とは、異なる利害を持つ人々が、お互いに納得できるような結果を目指して行う「対話のプロセス」である。したがって、交渉では、リーダーシップを発揮することができるかどうかが問われることになる。

また、故フィッシャー教授は、日本人と米国人の交渉の仕方の違いについて次のような興味深い表現をしている。

> 「米国人は交渉に臨むときは、まるでカウボーイのように振る舞い、……、日本人の交渉者は洗練された外交官のように振る舞う。」

交渉の本来的な目的は、相互が受け入れることができる諸条件を導き出し、それに合意することである。そして、交渉の結果として、お互いが利得を得る「WIN-WINの関係」が成立

することが望ましい。

　では、どうすれば、より良い交渉をすることができるだろうか。結論をいえば、「リーダーシップの４つの基礎力」を発揮することである。具体的にいえば、自分の考えを一方的に主張するのではなく、相手の話をよく聞くことが重要である。つまり「傾聴力」と「対話力」が求められる。そして、相手から得た情報を整理して、自分が主張したいことを論理的に相手に伝える必要がある。さらには、相手の潜在的な能力などを引き出す力も必要である。

交渉についての３つの誤解

　実は、私たちが当たり前だと思い込んでいることが、よくよく考えてみると誤解だったということが時々ある。交渉についてもいくつかのもっともらしい考え方が流布されていて、それを正解だと信じ込んでいる人も少なからずいる。

　しかし、誤解に基づいた交渉では、リーダーシップを発揮することはできない。そして、双方が満足できる「WIN-WIN」の結果を得ることは難しい。それはきわめて残念なことである。そこで、参考までに、交渉について世間が正解だと思い込んでいる３つの考え方を紹介し、それぞれが大きな誤解であることを説明しよう。

誤解①交渉は経験が物をいう
　交渉において経験が重要な要素であることは間違いないこ

とである。しかし、経験だけでは「WIN-WIN」の結果を得るような交渉をすることは難しい。なぜか。1つには、自らの経験をもとにつくり上げられた交渉スタイルは、どうしてもワンパターンになりがちになるからである。そのような交渉スタイルでは、交渉の過程で起きる不意の出来事に臨機応変に対応することができそうにない。また、それまで経験したことのないような相手と交渉したり、突然、相手に巧妙な交渉テクニックを使われたりすると、にっちもさっちもいかなくなってしまうことが少なくない。交渉では、経験よりもむしろ「論理」が重要なのである。

誤解②交渉は出たとこ勝負

　交渉相手の出方はわからないし、仮に周到な準備をしていっても、必ずしも予想通りに交渉が進むはずもない、というのがこのような考え方の論拠になっている。確かに、現場での臨機応変な対応力は大切である。しかし、多くの場合、交渉は複雑なものであり、いくらセンスが良くても、それだけで乗り切れるものではない。簡単な交渉では臨機応変な対応力だけでなんとかなるかもしれないが、複雑な交渉に「出たとこ勝負」で臨むのは、いかにもリスクが大きすぎる。「出たとこ勝負」で交渉の場に臨むと、はじめて聞く話が出てくると不用意に慌ててしまったり、場合によっては「そんな話は聞いていない！」と怒って交渉を台無しにしてしまったりする。交渉では事前準備が重要である。周到な準備ができれば、「はじめて聞く話」ではなく「想定の範囲内の話」にな

るはずである。

誤解③交渉とは勝ち負けを競うもの

　交渉では勝ち負けがはっきり決まると考えている人は、交渉を「WIN-LOSE」、つまり一方が勝てば、他方が負けるものとしてとらえている。そして、自分が「勝つ」ために、交渉ではさまざまな駆け引きに終始することになる。自分の立場が強ければがんがん押し通し、自分の立場が弱ければ相手が「yes」と言ってくれるまでひたすら頭を下げるという具合である。

　一方が勝てば他方は負けるようなことを「ゼロ・サムゲーム」というが、交渉は「勝ち負け」を決めるプロセスではない。交渉の目的は、相手と一緒に創造的な選択肢を考え出して、それによって合意の可能性の幅を広げることにある。したがって、双方が満足できるように、いわゆるパイの大きさを変えたり、パイを膨らませたりできるということを相手に知らせることが大切である。

　ここで紹介した交渉についての３つの考え方は、世間で流布している典型的な誤解といえる。このような誤解から自らを解放することによって、リーダーシップを発揮した交渉を行うことができるようになる。

　繰り返しになるが、交渉とは、自分の利益だけではなく相手の利益も最大化したいと考えて、対話によって双方の利益を最大化するような「WIN-WIN」の結果を生み出すプロセスである。

2 交渉の事前準備

交渉前の準備を5つの視点で行う

経験だけに頼るのではなく、出たとこ勝負でもなく、「WIN-WIN」の交渉結果を得るためにはどうすればいいのだろうか。

そのために重要なことは、交渉の前に準備を行うことである。交渉では、「準備8割・現場2割」といわれることがある。つまり、事前準備がなければ「WIN-WIN」の結果は得られないといっても過言ではないということである。

もちろん、交渉の準備のために充分な時間を割くことは常にできることではない。そこで、交渉のための事前準備は、短時間でできて、効率的かつ効果的なものでなければならないということになる。

以下では、交渉のための事前準備として、限られた時間の中でできる次の5つを提案したい。

⑴ 利害関係者（Stakeholder）・状況把握（Situation）を分析する

⑵ ミッション（Mission）を考える

⑶ 合意できなかった場合の代替案（Alternative）を考える

⑷ 目標（Target）を設定する

⑸ 創造的な選択肢（Option）を考える

この5つの事前準備を、セットで順序立てて考えるのである。そうすると、頭がクリアになって、強い気持ちで交渉の場に臨むことができる。交渉内容の複雑さにもよるが、多くの場合30分もあれば5つの事前準備を行うことはできる。

この5つの事前準備の（1）から（5）までの英語の頭文字を並べると「SMATO」になる。そこで、交渉の事前準備は「スマート（SMATO）」と頭に入れておくとよい。

以下で順に説明していくので、156ページから159ページの事例とその解説を参照しながら読み進めていただきたい。

（1）利害関係者（Stakeholder）の状況把握（Situation）分析が交渉成功への道

交渉のための事前準備としての第1は、自分と相手の利害関係者を把握することである。

「敵を知り、己を知れば、百戦するも危うからず」（『孫子』）[*1] というよく知られている言葉は、交渉の事前準備にピタリとあてはまる。「敵を知る」ためには、敵とその利害関係者が置かれている状況を把握し、「己を知る」ためには、自分と自分の利害関係者が置かれている状況を把握しておくことが不可欠だからである。自分および相手の利害関係者が置かれている状況を把握することは、交渉の成功確率を上げるための第一歩である。

また、「戦闘とは錯誤の連続であり、より少なく誤りをおか

＊1　『新訂 孫氏』（岩波文庫）翻訳：金谷 治（2000年、岩波書店）p.52。

した方により好ましい帰結をもたらす」（戸部良一ほか著『失敗の本質』）（＊2）ともいわれる。ここで、「戦闘」を交渉という言葉に置き換えてみると利害関係者の状況の把握が重要であることがよくわかる。つまり、「交渉とは錯誤の連続であり、より少なく誤りをおかしたほうにより好ましい帰結をもたらす」ということである。「より少ない誤り」のために必要なこと、それが事前に行う「利害関係者・状況把握」である。

　では、利害関係者の状況把握とは、どういうことだろうか。わかりやすくいえば、自分と相手を取り巻いている環境を整理しておくことである。

　例えば、ビジネスでの交渉の場合、自分の周りには上司・部下・自社・顧客・取引先などさまざまな利害関係者（ステークホルダー）が存在する。そこで、それぞれが置かれている社会的状況や法的・経済的状況についての見取り図をつくって整理するのである。そうすることによって、自分と相手が置かれている状況が明確になる。なお、自分だけではなく相手が置かれている状況についても類推することが重要である（p.146 図1）。

　もちろん、交渉で相手がどう出てくるかを予想することは難しい。交渉の過程で、事前にはわからなかった相手およびその利害関係者の状況が明らかになるかもしれない。そのようなときには、相手の置かれている状況について説明を求めるのではなく、自分が置かれている状況や自分の周りにいる利害関係者

＊2　『失敗の本質―日本軍の組織論的研究』（中公文庫）戸部 良一・寺本 義也・鎌田 伸一・杉之尾 孝生・村井 友秀・野中 郁次郎（著）（中央公論新社、1991 年）p.97。

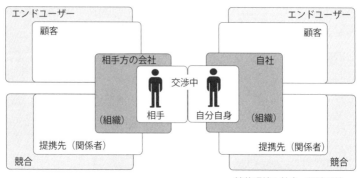

法的環境＆社会・経済環境

図1　交渉のためのマトリクス

について相手に説明するほうがよい。「自己開示の返報性」という力が働いて、相手の利害関係者の状況について相手が話してくれるようになるはずだからである。

　交渉の場では、相手との対話の中で、相手からさまざまな情報を得て、事前に把握した情報を修正・変更していくことが必要になる。利害関係者と状況把握は、事前準備で行うとともに、交渉の過程でも行うことができるということである。(➡「事例」と「事例解説（1）」参照)

(2)「ミッション」(Mission)を考える—合意の先の利益を考えることが重要

　事前準備として行うべき第2のことは、「ミッション」(Mission)を考えることである。

　「ミッション」とは、交渉で目指す共通の目標あるいは究極

のゴールのことである。『交渉は「ノー！」から始めよ』の著者である故ジム・キャンプ氏の言葉を借りれば、「ミッション」とは、「交渉における合意の先にある利益」のことである。つまり、「合意」とは１つの結果に過ぎないのであって、重要なことは、合意によって双方が得る利益だということである。

とりわけビジネス交渉では、「合意」は終着点ではなく、出発点であることが多い。例えば、メーカー２社の合併についての交渉が合意されたとする。この交渉でのミッションは、２社合併後に市場で競争力をつけて生き残ることであり、合併合意はあくまでもそのための手段にすぎない。交渉のミッションは、市場競争力をつけることである。また、２社で共同開発プロジェクトを行うための交渉であれば、そのプロジェクトを成功させて「市場でデファクトをとる」とか、「業界シェア第一位を獲得する」あるいは「トップブランドに育てる」というミッションが考えられる。

実は、ミッションを考えずに交渉に臨むと、とかく「合意」するために安易な譲歩をしがちになる。しかし、それではWIN-WINの交渉にはならない。ミッションを準備することによって安易な譲歩を避けることができるのである。

また、ミッションは複数用意するほうが良い。交渉の過程でその中から相手の立場に立ったミッションを提示することがより効果的である。さらに、ミッションを考えることによって、交渉を取り巻く状況がよく見えるようになり、交渉に対するイメージが明確になるというメリットがあることも付け加えておこう。（➡「事例解説（２）」参照）

（3）合意できなかった場合の代替案（Alternative）を考える

　第3は、合意できなかった場合の代替案を考えることである。

　当たり前のことだが、交渉では必ずしも合意が成立するとはかぎらない。したがって、合意が成立しなかった場合を想定して、代替案を準備しておくことも必要である。英語では、「最善の代替案」という意味の「Best Alternative to a Negotiated Agreement」といい、各単語の頭文字を並べて「BATNA（バトナ）」と呼んでいる。

　日本ではあまり聞くことはないが、海外ではバトナ（BATNA）なしでは交渉の質が低下するといわれている。バトナを用意しておかないと、交渉で相手の要求に対して「ノー」ということが難しくなり、そのため際限なく譲歩せざるを得なくなってしまうからである。仮に、バトナがその交渉で達成したいと考えている目標よりも見劣りがするものであっても、バトナは準備しておいたほうがよい。バトナを持っていることで交渉を冷静に進めることができるからである。

　国際間の交渉ではバトナは当たり前のように使われている。バトナがない交渉は考えられないといったほうがいいかもしれない。バトナを用意しないということは、交渉で「合意」が成立しないという選択肢を放棄していることを意味する。したがって、バトナがないことを相手に知られてしまうと、交渉では一方的な譲歩を迫られることになる。

　双方ともに満足する「WIN-WIN交渉」をするためには、どちらか一方が損をする交渉はしないという意思を相手に示して

おく必要がある。最悪の場合には相手との交渉から離脱する意思があることを示すカード、それがバトナである。（➡「事例解説（3）」参照）

（➡「事例解説（3）」参照）

（4）目標（Target）を設定する

　第4は、ターゲット（目標）を設定することである。

　目標を設定するということは、「ミッション」を具体的な数値に置き換えるということである。交渉では必ずといっていいほど「価格」などの数値に関することが含まれるので、交渉で達成したい目標数値を設定することが必要になるのである。

　では、目標はどのように設定すればいいのだろうか。実は、目標は次の2点に注意して設定すべきである。

　1つは、最高目標数値を設定し、その目標数値の論拠を相手に理解してもらうように努めることである。最高目標を実現するために努力することを「上を向いた交渉」という。当然のことながら、それが最も望ましい交渉だが、人はとかく高い目標値を設定せずに、相手の出方を見ながら「落としどころ」をひたすら探す交渉をしがちである。このような交渉を「下を向いた交渉」という。「上を向いた交渉」が望ましいことはいうまでもない。

　もう1つは、目標の数値に幅を持たせることである。例えば、次のような例を考えるとわかりやすい。

　ある品物をできるだけ高く売りたいと考えている「売り手」は、最高目標額を300万円だと考えているが、仮にそれよりも

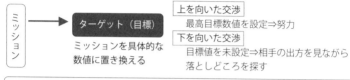

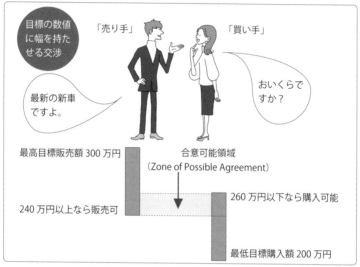

図2　目標設定と交渉

安い240万円以上であれば売ってもいいというように交渉可能領域を設定する。一方、「買い手」の最低目標額は200万円だとしても、260万円以下であれば買ってもいいというように交渉可能領域を設定する。このようにお互いが交渉可能な領域を設定することによって、240万円から260万円という「合意可能領域」（Zone of Possible Agreement）ができる。そして、「売り手」と「買い手」の間の交渉の合意形成の余地が残る。（図2）
（➡「事例解説（4）」参照）

(5) 創造的な選択肢（Option）を考える

　第5は、創造的な選択肢を考えることである。

　交渉のミッション（最終的な目的）と合意の先を考えて、最高目標に近い数値で合意に導くためには、さまざまなアイディア（選択肢）が必要になる。創造的な選択肢は、いわゆる「落としどころ」とは違う。双方の利益を満足させるものでなくてはならず、どちらか一方が我慢をしたり譲歩したりするものであってはならない。

　「創造的」選択肢というと、今まで誰も考えなかったような斬新なことを考えなければならないと思いがちだが、そうではない。一般的に、新しいアイデアとは、既存のモノにちょっとした工夫を加えることによって生まれると考えていい。例えば、「商品は欲しいけれども、持ち合わせが少ない」という相手に対して、「分割払い」を提案することは創造的な選択肢といえる。

　創造的な選択肢を考える場合には、相手の立場に立つことが大切である。もちろん、提案した選択肢に相手が興味を示さないことがあるかもしれない。そういうときには、なぜその選択肢に興味がないのかを相手に質問すればいい。相手の返答次第で、相手のニーズを探り出すことができるかもしれないからである。新しいアイデアを生み出すツールとしてビジネスでよく使われている「オズボーンのチェックリスト」などを参考にしながら、創造的な選択肢を考えておくことである。（➡コラム10）（オズボーン➡ p.100 脚注参照）

オズボーンのチェックリスト

		リスト・説明	例
①	転用	他の用途で使われていたものを使ってみる	手榴弾のトリガーから車のエアバッグが生まれた
②	応用	他でうまくいったことをまねしてみる	物理学や高等数学の応用→金融工学（デリバティブ）
③	変更	同じものでもちょっと変えてみる（意味合いや、色など）	和解の際、「賠償金」ではなく、「お見舞金」という名称で金を支払う
④	拡大	規模、時間などを拡大する	EU（欧州連合）
⑤	縮小	規模、時間などを縮小する	段階的停戦合意
⑥	代用	代わりのものや人材を活用する	年賀状の代わりに電子メールで年賀の挨拶をする
⑦	置換	順番などを変えてみる	相手に対する責任追及ではなく、「問題解決」から話し合う
⑧	逆転	立場を変えて考えてみる（交渉学では極めて重要）	
⑨	結合	合わせてみる	JR 東日本の Suica カードと携帯電話の結合

　オズボーンのチェックリストとは、「転用」「応用」「変更」「拡大」「縮小」「代用」「置換」「逆転」「結合」という９項目をあらかじめ用意して、それらに答えることでアイディアを発想するという手法。創造的選択肢を考える際には、このチェックリストを前にして、例えば、他のさまざまな交渉で合意できた解決案を思い浮かべて、それらを「転用」「応用」「変更」「代用」したり、いくつかを「結合」したりすることで、選択肢をつくることができるだろう。また、相手の立場に立って考えてみたり（「置換」）、合意できなかった交渉を思い起こしてみたりする（「逆転」）ことで新しい選択肢が生み出されるかもしれない。（＊３）

＊３　『考具 —考えるための道具、持っていますか?』加藤昌治（著）（CCCメディアハウス、2003 年）。

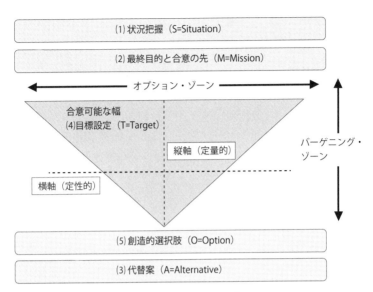

図3　SMATOアプローチ　縦軸よりも横軸の幅を広げる。

事前準備としてのSMATOと事後分析のためのSMATO

　事前準備としてのSMATOをわかりやすく示すと図3のようになる。

　多くの場合、交渉は、主に目標（ターゲット）と選択肢（オプション）をめぐって行われることになる。したがって、事前準備では、目標の合意可能な幅をできるだけ広げて考えておくことが必要である。目標とは、具体的にいえば価格や数量など定量的なものであり、図3の縦軸の「バーゲニング・ゾーン」である。一方、「選択肢」は、定性的なもので、頭をひねればひねるほどさまざまなアイデアを考え出すことができるだろ

う。図3では横軸の「オプション・ゾーン」として示している。

　交渉の現場では、ターゲットとしては最高目標額を示すことが原則である。そして、交渉の過程でその最高目標額から下げる場合には、必ず「条件の変更」を明示したうえで金額を下げるようにすべきである。例えば、ある商品の金額を下げる場合には、高価な国産品のパーツを使うことを前提に算定していたものを、安価な外国産に切り替えることで価格を下げることができるというイメージである。

　これは、目標（ターゲット）は創造的選択肢（オプション）と連動していると考えると理解しやすい。つまり、図で見るように、横軸で示される定性的なオプション（創造的選択肢）を縦軸で示される定量的なターゲット（目標）に反映させるというように考えればいいということである（図3）。

　要するに、重要なことは、「オプション・ゾーン」の幅をできるだけ広くとるようにすることである。つまり、さまざまな選択肢を事前に用意しておくことである。実際の交渉では、バーゲニング・ゾーンの幅が狭いことが少なくない。狭いバーゲニング・ゾーンをめぐって行われる交渉を、WIN-WIN に持ち込むためには、オプション・ゾーンをできるだけ広げておくことが重要になるからである。

　なお、ここでもう1つ指摘しておきたいことがある。それは、SMATO は交渉の事後分析のツールとしても有用だということである。

　交渉では、合意に達することもあれば、失敗に終わることもある。交渉がうまくまとまったときには、なぜうまくいったの

かを SMATO で分析してみるのである。そうすれば、交渉の論理的な勘所をつかむことができるはずである。また、交渉に失敗した時は、SMATO を使って考えてその原因を考えてみるのである。失敗の原因がわかれば、次の交渉を行うときに役立つはずである。

　より良い交渉ができるようになるために、SMATO を使って事後分析を行うことをお勧めしたい。

ある地方で民間事業者によるダム建設計画が持ち上がった。

ダムは治水や発電のために利用される一方で、ダム建設によって水没する地域ができる。今回のダム建設予定地域は、住民の集落はないものの、絶滅危惧種には指定されてはいないが希少な生物を含む貴重な生態系が維持されている地域である。そのため、地元の環境保護団体がダム建設に反対している。そこで、某年某月某日、建設予定地近くにある公民館で、ダム建設の事業会社と環境保護団体の代表者たちによる交渉の場が設けられた。

ちなみに、日本のダムは国土交通省・農林水産省・独立行政法人水資源機構政府直轄事業者、地方自治体、電気事業者、一部の民間企業などさまざまな事業者によって計画され、建設・管理が実施されているが、ここでは、民間事業者によるダム建設が行われるケースを想定している。

なお、現在は許認可の問題や水利権調整の困難さ、管理維持費の問題や火力発電等に需要を依存しているために新規でのダム建設はされていない。

(1)「利害関係者（Stakeholder）・状況把握（Situation）」

○ダム建設事業者

事業会社・国（国土交通省・経済産業省）・地方自治体・地域住民・建設会社・顧客（電力使用者）・競合他社など

○環境保護団体

環境保護団体メンバー・環境省・地域住民・顧客（電力使用者）・希少生物など

＊ここで重要なことが２つ考えられる。１つは、ダム建設予定地には住んでいないが、ダム建設によって何らかの影響を受ける可能性のある地域住民の利害を考慮しなくてはならないことである。もう１つは、ダム建設に反対している環境保護団体のメンバーは、電力使用者でもあるということである。

(2)「ミッション（Mission）」

○ダム建設事業者

長期にわたって安定的な電力供給を行うこと。そのためには、希少生物の生態系を破壊するかもしれないが、将来に渡る人間の安心のためには実行する必要がある。

○環境保護団体

希少生物の生態系を守ること。一度破壊されると、希少生物の生態系を元に戻すことはほぼ不可能だからである。電力の安定供給という短期的な人間の幸福は重要かも知れないが、生態系を守ることのほうがより重要だと考えている。人間は生態系の一部であり、生態系を破壊することは、長期的にみれば、人間の存在を脅かすことになるからである。

(3)「代替案（Alternative）」

○ダム建設業者

　環境保護団体の反対を押し切ってダム建設を強行するつもりはない。マスメディアの報道やSNSで拡散されると企業イメージが悪くなるなどマイナス面が大きいからである。しかし、議論が平行線をたどり、環境保護団体が強固な反対態度を崩さないのであれば、行政・地域住民の同意を得たうえでダム建設を強行することも辞さないと考えている。手続き上の問題がクリアできれば、法的にはダム建設を行うことができるからである。

○環境保護団体

　ダム建設そのものに反対しているのではなく、希少な生態系を保護することが、今の日本にとっても将来世代にとっても重要だと考えている。したがって、もし、ダム建設事業者が自分たちの同意なく工事を強行するような事態になれば、マスメディアやSNSを使ってさまざまな情報を発信するとともに、工事反対のデモや座り込み、さらには裁判所への提訴を行うことも考えている。

(4)「目標（Target）」

○ダム建設業者

　「目標」は計画通りの規模で計画期間内にダムを建設し、電力供給を行うことである。しかし、ダムの規模については、発電効率を上げるなどの技術面での改良を行うことによって、コスト面での上昇はあるものの、水没地域を当初計画の8割程度に縮小することができることがわかっている。

○環境保護団体

　「目標」は、希少生物生息地

の生態系を保全することである。希少生物生息地のすべてがダム建設予定地に含まれているわけではないが、ダム建設によって周辺地域の環境が激変する恐れも指摘されている。したがって、水没地域の縮小や、生態系保護のための活動が適切に行われるのであれば、そのための交渉に応じても良いと考えている。

(5)「創造的な選択肢（Option）」

〇ダム建設業者

　規模を「縮小」して他の自然エネルギーと併用していくこと（代用・結合）、ダム湖を利用した観光施設を造ることによる地域経済への貢献（「応用」）、さらには環境保護団体の立場に立ってダム周辺の環境保護に力を入れること（「逆転」）などを創造的選択肢として用意している。

〇環境保護団体

　規模が「縮小」と代替エネルギーの可能性を一緒に考えること、生態系の破壊を最小限にとどめることと最新技術による代替地での生態系再生などを選択肢として用意している。

3 交渉の現場での注意事項

留意すべき４つのこと

　交渉のための事前準備が終わると、次は実際の交渉を行うことになる。

　日々至るところで、さまざまな交渉が行われている。成功する交渉もあれば、失敗する交渉もある。そして、総じていうと、次の４つの方法を頭に入れておくと、交渉を上手に進めることができる。逆にいうと、交渉で失敗するのは次の４つのことを「しなかったため」であることがわかる。

　順に紹介しよう。

（1）「人」と「問題」を分離すること

　都内某所でこんなシーンを想像していただきたい。

　サラリーマンと思しき２人が仕事上の話し合い、つまり「交渉」をしている。交渉は当初は和気あいあいと進んでいたが、話が大詰めに差し掛かったときに、一方がある具体的な提案をした。それは、それまでの交渉の延長線上にはないものだった。

　その提案を受けて相手は態度を一変させ、即座に「その提案には反対ですね」と答えた。話し合いは途切れ、交渉は暗礁に乗り上げた。不気味な沈黙が続く中で、２人の心の中では、そ

れぞれ次のような思いが渦巻いていたことだろう。

　「あなたが、これまでの話がまったく反映されないような提案をするから悪い。」
　「困ったな。あなたが頭から反対するから、問題がこじれてしまう。」

　どうしてこのようなことが起きるかといえば、それは、「提案」についての話し合いをしているにもかかわらず、「あなた」という人に問題が転化してしまったからである。一方は、そんな提案をする「あなた」が悪いと考え、もう一方は提案に反対する「あなた」が悪いというように変わってしまったのである。お互いの感情がむき出しになり、これ以上話し合いが続くとすれば、言外に互いの人格攻撃が始まり、交渉は決裂するだろう。
　では、どうすればいいのだろうか。このようなケースでは、まずは冷静になって、「人」ではなく「問題」について話し合っていると考え直すことが必要である。相手に対して敵対心を持っているのではないことを再確認し合うのである。その際、できるだけ相手の眼や顔を見ないほうが良い。感情が顔や目に表れていて、お互いが怒りに満ちた表情になっているかもしれないからである。例えば、テーブルに置いた紙やホワイトボードなどの身近にある道具を活用して、自分の考えを相手に示し、「人」ではなく「問題」に話を向けることが大切である。

（2）「立場」ではなく「利害」を考える

　人はそれぞれの立ち場で交渉に臨む。家電量販店では、販売員は売る側、客は買う側という立場で価格の交渉をする。春闘などの労使交渉では、労働者の代表が経営側とそれぞれの立場で労働条件や賃上げの交渉を行う。交渉ではそれが当たり前のことである。しかし、それぞれが自らの「立場」にこだわって、一方的に自分の要求をつきつけ相手に譲歩を迫るようでは「WIN-WIN」の交渉をするはことできない。

　より良い交渉を行うためには、それぞれの「立場」を離れて、それぞれの「利害」を考えることが重要なポイントになる。なぜかと言えば、それぞれの「立場」を変えることはできないが、それぞれの「利害」は複数あるからである。俗に、「ネタが増えると交渉しやすくなる」といわれているが、「利害」に焦点を当てることによってネタを増やすことができるのである。

　具体的には、できるだけ相手の「利害」を理解するように努めるとともに、自分にとっての利益を相手に伝えることである。そして、自らの「利害」を相手に伝えるうえで重要なことは、自分の利害について相手が誤解していないかを常に確認することである。とかく相手は自分のことをわかってくれているはずだと考えがちである。また、自分の思っていることを相手が完全に理解していると考えがちである。しかし、それは大きな誤解を生むもとになる。

　交渉の過程で相手の言葉を100％理解するのはきわめて難しい。したがって、自分にとっての利害については、何回も繰り

相手の価値を理解して、相手の「利益」を探ることが重要

相手の「利害」はどのように探ったらいいのだろうか。

米国の心理学者のアブラハム・マズロー（1908 年～1970 年）は、「人間は自己実現に向かって絶えず成長する生きものである」として、人間の欲求を次の5段階のピラミッド階層で理論化した。

・生理的欲求
　日常生活を送るための基本的・本能的な欲求。
・安全の欲求
　危険を回避し、安全・安心な暮らしを求める欲求。
・所属と愛の欲求
　グループに属し、仲間を求める、愛情を求める欲求。
・承認（尊重）の欲求
　「他者から認められたい」「尊敬されたい」「尊重されたい」という欲求。
・自己実現の欲求
　自らのうちにある可能性を実現、自分の使命を達成、人格内の一致・統合を目指す。

交渉学の泰斗ロジャー・フィッシャー（➡ P.70）教授は、マズローの欲求発展段階説に倣って、交渉の「利害」を次の5つの本質的な人間の欲求の反映であると定義している（＊4）。

・安全であること
・経済的利益を得ること
・相手に認められること
・好意的に接してもらえること
・自由な意思決定が認められること

重要なことは、ビジネスにおける交渉でも、「経済的利益を得ること」だけが「利害」ではないということである。相手の価値を理解して、相手の「利害」を探ることによって上手な交渉ができるはずである。

＊4　『ハーバード流交渉術』ロジャー・フィッシャー 他（著）、金山 宣夫・浅井 和子（翻訳）（阪急コミュニケーションズ：新版 、1998 年）。

返して相手に伝えるという努力が必要になる。自分が伝えたいことを相手が理解できれば、相手も自らの利害について話すはずである。（➡コラム11）

(3) ポジティブ・フレーミング

物事の視点や見方を規定する枠組みを「フレーミング」という。そして、批判的にはならず、即座に正解を求めようとはせず、相手への関心を持つような思考法を「ポジティブ・フレーミング」という。つまり、交渉では相手の意見を肯定的に受け止めて、交渉が解決に向けて前進しているという意味づけをあらゆる場面で行っていくこと、それがポジティブ・フレーミングである。

相手が言ったことについて即座に「つまらない」とか「無理だ」というような評価を下してしまうと、その時点で交渉の可能性が潰えてしまう。「それはくだらない」と言ったために、せっかくのアイデアが消えてダメになるケースも少なくない。相手の言ったことに批判的・否定的に反応すると、ほとんどの場合、交渉は台無しになってしまう。したがって、相手の言ったことに対して、「なかなか面白いね」と反応して場を盛り上げるのである。そうすることによって、良い交渉の可能性が生まれてくる。

例えば、仮に交渉が決裂してしまい訴訟問題に発展しかねないような場面で、それでも何とか交渉継続に漕ぎつけることができたとする。それは、単に問題が先送りになったにすぎない

かもしれないが、見方を変えれば、交渉がほんの少しだけ進展したともいえる。そこで、ポジティブ・フレーミングで「次回の交渉日程が決まり、交渉の進展の可能性が見えてきましたね」などといい、交渉が少しずつ進展していることを確認し合うのである。

　また、協議事項が暗礁に乗り上げてしまったのはお互いの誤解によるものだということがわかったような場合には、「今回の交渉で、この点が明確になりましたね」という具合に、ポジティブ・フレーミングで評価する。

　とかく交渉は感情や雰囲気に左右されやすい。したがって、感情や雰囲気をうまく使ってポジティブ・フレーミングで発言すれば、困難な状況を打開することができる。仮に交渉で対立が激化したとしても、解決策はどこかに埋もれているものなので、ポジティブ・フレーミングによってその道筋を見つけだすようにすべきである。

(4) 協議事項の交渉を行う

　具体的な交渉を行う前に、その交渉でどういう項目を話し合うかを決めることを「協議事項交渉」という。協議事項交渉に十分に時間を割くことによって、双方が交渉全体を俯瞰することができるようになるというメリットがある。

　協議事項交渉とは、次のようなイメージで考えるとわかりやすい。それは、同じテーマを扱っているが著者が異なる2種類の1000頁に及ぶ著書を自分と相手がそれぞれ持っているとい

うような状況である。このような大著を限られた時間の中で、本の内容を手っ取り早く知るための最も良い方法は、目次を見ながら各章の内容を大まかに確認することである。著者が違えば内容も違う。それぞれの本の目次を見ながら、本の章立てを相互に提示しあって、内容についての情報交換を行うのである。

なお、協議事項交渉においては次の3つの点に留意しなくてはならない。

第1は、交渉上必要な協議事項を、できるだけていねいに、「漏れなく、ダブリなく」抽出して、分類・整理することである。協議事項の抽出・整理が十分に行われていないと、議論が混乱して思わぬ混乱を招くことになるかもしれないからである。

第2は、協議事項の優先順位を決めることである。協議事項の優先順位を確認し合うことによって、それぞれの利害が明確になる。

第3は、複数ある協議事項をどの順序で交渉するのかを相手と決めることである。実は、優先順位を決めることによっておのずから交渉順序は決まるが、一方で、合意しやすいことから話し始めることも交渉の大原則であることも忘れてはならない。仮に最優先事項であっても、合意が困難なことから交渉を始めると対立を生みやすく、交渉がデッドロックに乗り上げてしまう危険性が高まる。合意しやすいことから交渉し、相互理解を深め、問題を共有するのである。

4 交渉の現場で陥りやすい罠に気をつけよう

「衝動」的な対処ではなく、問題共有を

さて、周到な事前準備を行い、まずはアジェンダ交渉をして、人と問題を分離するように心がけ、立場ではなく利害を考えポジティブ・フレーミングで交渉に臨んだとしても、交渉の現場では、さまざまな困難や罠が待ち受けているものである。

例えば、交渉ではよく対立やトラブルが起きる。対立やトラブルに直面したとき、人はとかく衝動的に対処して解決しようとしがちになる。相手の主張に反論し、相手に一方的な譲歩を迫ったり、さまざまなテクニックを使って相手を翻弄したりすることである。また、相手の主張を受けてただちに交渉を終えて相手から逃げてしまうこともある。相手の主張をそのまま受け入れて、妥協して問題解決を図ろうとすることもある。

しかし、このようなさまざまな困難に対する対処の仕方は、望ましい交渉のあり方とはいえない。交渉で対立やトラブルに直面したときにも、冷静になってリーダーシップを発揮するよう努める必要がある。つまり、問題を共有して、対立やトラブルを双方の利害の表明としてとらえ、そこから新しい解決策を探ろうとすることが必要である。

しかし、交渉の現場では、往々にしてさらなる困難が待ち受けているものである。その困難とは、相手が仕掛けるさまざ

な「罠」である。以下では、「二分法」「アンカリング」「交渉戦術」という代表的な3つの罠と罠にはまらないための方法について解説しよう。（➡コラム12）

①二分法の罠

二分法とは、「白か、黒か」「善か、悪か」「イエスか、ノーか」というように二者択一で物事を割り切る考え方のことである。大袈裟にいえば、今の世の中はほとんどすべて二分法の論理で回っているといってもいいかもしれない。人は本来的に、シンプルで短絡的なモノを望む傾向を持っている。したがって、人は二分法に親しみを感じる。しかし、「二分法」は怪しいと疑ってかかったほうがいい。世の中はさまざまな物事で成り立っていて、何かを選ぶときにもさまざまな選択肢があるはずだからである。

実際、交渉では次のような「二分法」がよく使われる。相手の提案を受け入れるか拒否するかという二者択一を迫られるケースである。

とかく交渉は、相手からの提案や相手の反応、疑問や不安などさまざまな要素が絡み合って複雑な議論になる。したがって、交渉で二分法が使われると、あたかも議論が整理されたように感じてしまう。そこで、このような人の習性を巧みに利用して、交渉で相手の選択肢の幅を狭めようとして二分法が使われるのである。

交渉相手から「イエスか、ノーか」と迫られれば、どちらかを選ばなければならないと考えて「イエス」と答えてしま

エスカレーション・アンド・ネゴシエーション
(Escalation & Negotiation)

ハーバード大学のJ・セベニウス氏とR・ムヌーキン氏が主催するインターネット番組「NEGOTIATING with Putin」では、ロシアのプーチン大統領との交渉経験がある歴代の米国務長官が出演し、実際にかつて行われた交渉手法からプーチン大統領の人間性を探っている。

この番組の中で、米国の政治学者W・ザートマン教授らが唱えている「エスカレーション・アンド・ネゴシエーション」という考え方が紹介された。「エスカレーション」とは軍事行動などで対立の程度が増大すること、「ネゴシエーション」とは交渉によって対立の程度が縮小することを指している。要するに対立の大きくなるベクトルと小さくなるベクトルが並存してい

る状態を意味している。

実はウクライナに軍事侵攻したプーチン大統領は、2022年後半に「エスカレーション・アンド・ネゴシエーション」を意図したと考えられる。ウクライナ国境付近で軍備増強を行って緊張関係を高め（「エスカレーション」）、同時にウクライナを交渉（「ネゴシエーション」）のテーブルにつかせて、ロシアにとって有利な譲歩を迫ろうとしていたのではないかということである。

このような一方的な手法は「脅し」であり、いわば「交渉」の「禁じ手」である。ロシアがその後も軍事侵攻を続けているということは、この手法では、プーチン大統領の思惑通りにはいかなかったことを示している。（＊5）

＊5 『ウクライナ戦争はキューバ危機の交渉力を生かせるか』田村次朗、Wedge ONLINE（2022年6月11日）。

う。それは、相手の提案を無下に断ってはいけないという思いを誰しも持っているからである。

「二分法」という罠にはまりやすいもう1つの理由がある。それは一般的に、合意しなかった場合よりも合意したほうが良いイメージがあることである。合意は「成功」であり、不合意は「失敗」と考えてしまうのである。人は合意への誘惑をなかなか断ち切ることができない。合意に執着することを「合意バイアス」という。

では、どうすればいいだろうか。答えはきわめて単純明快である。相手が二分法を使って二者択一で合意を迫ってきたときには、それ以外の選択肢もあると考えることにつきる。世の中には「唯一無二の正解」などほとんどない。「二分法」という罠にはまって思考停止するのではなく、リーダーシップを発揮して、新しい価値をつくり出すという心構えで交渉に臨むことが大切である。

②アンカリングの罠

人はだれしも、相手から提示された最初の数字や概念に影響されるものである。このような人の習性を利用してかけられる罠を「アンカリングの罠」という。「アンカリング（anchoring）」のように、過去の経験に基づいて推測し判断してしまう心理バイアスを「ヒューリスティクス」という。

2002年にノーベル経済学賞を受賞した米国の心理学者ダニエル・カーネマン（→ p.96）はアンカリングについて次のような説明をしている。

ある未知の数値を見積もる前に何らかの特定の数値を示されると、見積もる数値はその特定の数値の近くにとどまったまま、どうしても離れることができなくなる。例えば、ある亡くなった人の年齢について、「その人は 100 歳以上だったか」という聞き方をすると、聞かれた相手は高い年齢を答え、「35 歳以上だったか」という聞き方をすると、相手はそれよりも低い年齢を答えるという。

　それは、人は最初に出た数字が頭に残って、それをもとに考えようとするからである。人は、根拠なく提示された相手の数値や条件を基準に判断しがちだということである。これが「アンカリング効果」（anchoring effect）である。

　また、人間は十分な情報が得られないときには特定の情報を重視しがちになるともいわれる。「特定の情報」とは、広く知れ渡っている情報、ある特定分野で常識となっている情報、社会通念、慣習的に行われてきたやり方、著名人の言葉、自らの過去の体験、そして「直前に得た情報」などである。交渉の場では、「直前に得た情報」を使った「アンカリング」もよく使われるので、注意が必要である。

　では、どうすればいいのだろうか。重要なことは、交渉で具体的な数字が示されたときには、「アンカリング」だと察することである。そして、熟慮して、安易な答えを出さないようにすることである。

③交渉戦術の罠
　実は、交渉の場ではさまざまなテクニック（交渉戦術）が

使われる。交渉戦術は多くの場合、できるだけ簡便に解決策を見つけたいという相手の心理をうまくついたもので、ちょっとした言葉遣いだったり、相手より有利な結論に導くための誘導尋問のようなものだったりする。

　例えば、あと一歩で交渉相手と合意できるところまできているけれども、双方ともに、もう少し相手が歩み寄ってくれればいいと考えているような場合に、よく使われる交渉戦術がある。それは、「あなたがこの解決案に合意してくれないので、どうすれば合意できるかわからなくなりました」と言って相手が交渉を打ち切ることである。これは、合意したいと思っている相手からもう一歩の譲歩を引き出すための交渉テクニックで、「放棄戦術」といわれる。

　また、上司と部下など2人で交渉の場に来て、部下が強硬な態度で敵対的といえるような態度で交渉に臨み、相手を攪乱させた後で、上司が同情的な態度を示すようなこともよくある。相手に強い態度で臨まれると人は不安になる。相手が怒ると、自分に落ち度があるのではないかと考えてしまいがちになる。そういう人間の心理的な経験則を巧みに利用したテクニックで、「グッドコップ・バッドコップ戦術」と呼ばれる。もちろん、上司と部下は事前に打ち合わせをして、上司がグッドコップ（良い警官）、部下がバッドコップ（悪い警官）の役割を演じているにすぎない。しかし、相手はグッドコップこそ自分の味方だと勘違いしてしまう。その結果、上司と部下は思惑通りに交渉を有利に進めてしまうことになる。

　その他にも、突然怒り出したり、急に交渉打ち切りを示唆

したりして相手を動揺させる「不意打ち」や、譲歩できない
理由として、会社や所属機関の決定をあげる「コミットメン
ト」などの戦術もよく使われる。いずれも、合意を維持した
いという人の心理を巧みに突いた交渉テクニックである。し
かし、交渉戦術を安易に使ったために、かえって問題を拗ら
せたり、信頼を失ったりする場合も少なくない。

　したがって、交渉戦術は自分が「使う」ためではなく、相
手の交渉戦術を見抜き、それに「対処する」ために学んでお
くべきことというべきである。(➡コラム 13)

┃「三方よし」と「賢明な合意」

　この章では、交渉についてさまざまな角度から説明してきた
が、最後に、冒頭に掲げた「交渉とは何だろうか」という問い
かけに対する答えを簡潔に示すことにしたい。それは、「交渉」
とは、戦術やテクニックではなく、利害の異なる人との対話だ
ということである。もう少し詳しくいえば、「交渉」とは、対
立を避けず、相手の考え方や意見の相違を確認し、それを乗り
越えるために協働して課題解決策を探る対話のプロセスである。
　したがって、「交渉力」はリーダーシップに欠かせない要素
の1つということになる。交渉力とは相手を理解する力であり、
相手が求めていることや相手の目標などを効果的に聞き出す力
である。そして、交渉の際には何よりも信頼が大切である。「交
渉力」のある人は、相手からの信頼を勝ち得るために最大限の
努力をする。

交渉戦術

交渉においては、人間が持つ心理的傾向（ヒューリスティクス）を利用して、些細な言葉を使ったり、誘導尋問をしたりして、さまざまな交渉戦術が用いられることが多い。相手が一方的に交渉戦術を仕掛ける場合もあれば、回答に合わせて切り返すような交渉戦術もある。

例えば、「放棄戦術」は、交渉が膠着状況に陥ったときに使われることが多い。あと一歩で合意できるにもかかわらず、双方とも「相手があともう少し妥協すべきだ」と考えて譲らないとき、「どうすれば解決できるのか途方に暮れています。あなたが妥当な解決案に合意してくださるなら問題は解決するのですが……」と言って交渉を放棄して、相手方の譲歩次第で解決策が見い出せることを暗に示す戦術である。意図的に突然怒り出したり、急に交渉打ち切りを示唆して相手を動揺させたりするのは「不意打ち戦術」である。真実でないことについて断言したり確信する立場をとる「ブラフ戦術」や、うそにならない程度に事実を巧みに表現したり、都合の悪い情報を伏せて都合のよい情報だけを提示したりするという戦術もある。

また、会社や機関など所属組織の決定を引き合いに出すことによって、譲歩できないという意思を示す「コミットメント戦術」もよく使われる。相手の提案に対しては批判的な分析をして多くの問題点を指摘しながら、自分ではいっさい提案しない「プレーイング・ダム戦術」や、交渉対象について相手を圧倒するほどの専門知識や情報を提示して心理的に優位に立とうとする「スノージョブ戦術」もある。

また、交渉は創造的な問題解決を目指して行われなければならない。創造的な問題解決とは、双方ともに得をする「プラス・サム」的に問題を解決することである。そして、実は、驚くべきことに、日本人は創造的な問題解決を得意としているのである。

　なぜかといえば、昔から日本には「三方よし」という考え方があるからである。「三方よし」とは、「売り手よし、買い手よし、世間よし」という近江商人たちが語り継いだ商いの教えだといわれる。日本の国中を旅して商売をする近江商人にとって、人々の信頼を得ることは何よりも重要であり、そのための心構えが「三方よし」という教えだった。

　ハーバード大学の故ロジャー・フィッシャー教授は、「賢明な合意」という言葉で「信頼」の大切さを力説している。賢明な合意とは、「当事者双方の要望を可能な限り満足させ、時間がたっても効力を失わず、また社会全体の利益を考慮に入れた解決」のことである。つまりは、「三方よし」と同じ考え方だということである。

第6章

交渉力と
コンフリクト・マネジメント

コンフリクト（トラブルや対立）にどう対処するか

　交渉とは WIN-WIN の結果を得ることを目指して行われる対話のプロセスだが、交渉には必ずといっていいほどトラブルや対立が起きることも事実である。交渉が決裂して WIN-WIN の結果が得られないことも少なからずある。さまざまな場面で生じる深刻なトラブルや対立を「コンフリクト」と呼ぶ。日本では、「コンフリクト」は「和を乱す」行為だと考えられており、日本人の多くは、できるだけコンフリクトが生じないように行動しようとする。しかし、それでもコンフリクトは生じている。

　世界に目を向けると、コンフリクトをあまり気にしない国もある。例えば、スティーブン・P・ロビンスは著書（＊1）の中で、フランス人は、他人と異なる意見（オリジナリティ）を重視し、反論を当然と考え、他人にどう思われるかをあまり気にしない。コンフリクトがあるのは当然だと考えていると指摘している。このように、コンフリクトに対する考え方は人や国によってさまざまである。

　私たちの身の回りではコンフリクトは常に生じており、生じた場合には、それに対処しなければならない。そして、コンフリクトへの対処はリーダーシップに必要な重要な要素で、相手との間で何らかのコンフリクトが生じたときに、相手に納得してもらえるように説得する対話のプロセスを「コンフリクト・マネジメント」という。

＊1 　『【新版】組織行動のマネジメント—入門から実践へ』スティーブン P. ロビンス（著）、高木晴夫（訳）（ダイヤモンド社、2009 年）p.281。

1 コンフリクトとリーダーシップ

人間はコンフリクトにどのように反応するか

　コンフリクトに直面したときに、人間はどのように反応し、どのような行動をとるのだろうか。一般的には、人はコンフリクトに対して次のいずれかの行動をとるといわれている。競争・回避・譲歩・分配・協調（問題共有）という5つである。

　「競争」とは、相手と闘い、勝利することで解決しようとすることである。相手に圧力をかけて一方的な譲歩を迫ったり、さまざまなテクニックを使ったりして相手を翻弄し、屈服させようとする。

　「回避」とは、コンフリクトが生じたとき、あるいはコンフリクトが生じる直前に、相手と距離を置くこと。例えば、対立が鮮明になった時点で、コンフリクトを避けるために相手との話し合いや交渉を打ち切ってしまうようなケースがそれに当たる。

　「譲歩」とは、コンフリクトを避けるために、相手の利益を優先させで、収拾を図ろうとするものである。

　「分配」とは、双方が問題となっている事項を細分化して、それぞれの取り分を決めて解決しようとすること。例えば、双方の金額の提示の間を取って合意額とするとか、交換条件を提示して解決しようとするようなケースがそれに当たる。

望ましいコンフリクト・マネジメントとは？

　しかし、以上で紹介したコンフリクト対応策はいずれも望ましいとはいえない。なぜか。その理由を簡単に説明しよう。

　まず、コンフリクトが生まれている相手との力関係が拮抗している場合を想定すれば、「競争」が望ましい対処法ではないことが容易に理解できる。競争で対応しようとすると、相手も同じ行動をとろうとする。したがって、コンフリクトはさらに激しくなるだけだからである。また、仮に競争に勝ったとしても、負けた側には敗北感だけが残り、納得することはなく、コンフリクトが解消されることはない。コンフリクトが生じたときには、双方が納得できるような解消法を模索すべきである。

　「回避」はどうだろうか。回避の結果として、コンフリクトは一見消滅したように見えるかもしれない。しかしそれは、コンフリクトから逃げただけであって、コンフリクトを解消したことにはならない。

　「譲歩」も同じことである。確かに、ちょっとした諍いであれば、自分が少し譲歩することでコンフリクトを解消できるかもしれない。しかし、多くの場合、互いに譲歩できないからコンフリクトが生じるのである。つまり、もし簡単に譲歩できるのであれば、そもそもコンフリクトは起きないはずである。

　一方、「分配」は、コンフリクトへの対処法として妥当であるように思えるかもしれない。しかし、コンフリクトの原因を分配することで解決できるのであれば、そもそもコンフリクトは起きないと考えられる。つまりは、コンフリクトが起きてい

るときに、双方の利害関係者が納得するような分配を考えるのは極めて厳しいということである。

　では、コンフリクトが生まれたときにはどうすればいいのだろうか。その答えは、「協調」である。協調とは、双方の利害の相違がコンフリクトを生んでいることを直視して、問題を共有しつつ、対話によって新しい解決策を探ろうとすることである。

　対話による新しい価値の創造こそが、コンフリクトの対処法としては最も望ましい。このような対処法を「コンフリクト・マネジメント」という。コンフリクトが生じたときに「協調」して解決する能力はリーダーシップにとって欠かせない要素である。

人間の核心的な欲求とコンフリクト

　ところで、人と人の間でなぜコンフリクトが生じるのだろうか。ハーバード大学のダニエル・シャピロ准教授によれば、人間は5つの核心的な欲求を持っており、その1つがほんのわずかでも満たされないときにコンフリクトの芽が生まれ、それが次第に大きくなるという。

　人間が持つ基本的な欲求とは、次の5つである。

　・価値理解（Appreciation）

　・つながり（Affiliation）

　・自律性（Autonomy）

・ステータス（Status）

・役割（Role）

　例えば、自分の考え方や行動に意味がないという趣旨の発言がなされたり、自分を蔑ろにするような行動を相手がとったりすると、人は自分の「価値」が理解されていないと感じる。相手から敵として看做されたり、ぞんざいに扱われたり、あるいは距離を置かれたりすると、人は相手との「つながり」がないと感じる。

　また、自由に意思決定できないような状況に置かれると、自らの「自律性」が奪われていると感じる。さらに、自分の地位が他者よりも明らかに劣っているような扱いを受けると、自分の「ステータス」が無視されていると思う。そして、自分に与えられている役割や活動が個人的には満足できるものではないようなときには、十分な「役割」が与えられていないと感じる。

　多くの場合、コンフリクトはこのような人間の核心的欲求への配慮の欠如から生まれる。逆にいうと、相手の核心的欲求への配慮を怠らなければ、コンフリクトは生まれないかもしれないということである。しかし、コンフリクトの種はあらゆるところに蒔かれている。したがって、競争、回避、譲歩、分配などの安易な解決手段に訴えるのではなく、コンフリクトで問題になっていることを共有しながら、対話で創造的な解決策を探ることが必要なのである。（➡コラム14）

コンフリクト・マネジメント戦略事例① 米国と国連との対立

ハーバード大学ビジネススクールのマルホトラとベイザーマンは共著書『交渉の達人』(＊2)で、次のようなコンフリクト・マネジメントのケースを紹介している。

2000年10月、国連との深刻なコンフリクト状況におかれていた米国は、国連分担金（25％）を22％に引き下げること、および国連の改革と引き換えに延滞分担金（10億ドル）を拠出することを主張していた。分担比率の変更には国連加盟（当時は189か国）の全会一致での承認が必要であり、しかし交渉の時間は極めて限られていた。

そこで、米国国連大使のリチャード・ホルブルックは、すべての国連加盟国の代表と対話して分担金を増やすこと

ができない理由を聞いた。その結果、各国ともすでに次年度予算は決定していて、米国が予算執行できる期限（2001/1/1）には間に合わないことがわかった。分担比率の「変更」そのものではなく、変更の「期限」が合意の障害になっていたのだ。

要するに、当初は、「分担比率」が論点であるように思えたが、「期限」というもう1つの論点が含まれていることがわかった。その結果、ホルブルック大使は、「米国はただちに分担比率を25％から22％に引き下げるが、諸外国には2002年まで分担金の引き上げを求めない」という合意案を提案して、合意に至ることができたのである。

＊2 『交渉の達人：いかに障害を克服し、すばらしい成果を手にするか』ディーパック・マルホトラ、マックス・H・ベイザーマン（著）、森下哲朗、高遠 裕子（翻訳）（日本経済新聞出版、2010年）。

2 コンフリクト・マネジメントの基礎理論

　心ならずもコンフリクトに直面したときには、どのようにして「協調」の行動をとればいいのだろうか。つまり、どのようにコンフリクト・マネジメントすればいいのだろうか。

　以下ではコンフリクト・マネジメントのための5つのポイントを紹介しよう。

（1）コンフリクトから逃げないこと

　第1のポイントは、コンフリクトから逃げないことである。

　私たちは、家族や学校・会社などの組織の中で生きている。したがって、自分と他者との関係において、コンフリクトは常に身近なものとして存在していると考えたほうがいい。そこで、仮にコンフリクトが生じてしまったとしても、その重圧に負けたり絶望したりしてはいけない。コンフリクトに慣れて耐性をつけておくことが重要なのである。

　では、コンフリクトに慣れるためにはどうすればいいのだろうか。ここでは、特に重要な2つのことを紹介したい。

　1つは、コンフリクトが生じても焦らないことである。すでに指摘したように、コンフリクトが生じるということは、それ以前にその種がすでに蒔かれているということを意味している。そして、コンフリクトの種が発芽して表面化するまでに、

多くの問題が積み重なっているはずである。つまり、表面化しているコンフリクトは氷山の一角にすぎないのであって、その下にはコンフリクトの原因になっているさまざまな事柄が積み重なっている。したがって、目の前にあるコンフリクトから逃げても何ら問題解決にはならないことを頭に入れて、焦って拙速に行動しないことが必要である。

　もう1つは、相手からコンフリクトを避けるための取引の申し出があっても応じないことである。多くの場合、コンフリクトの直接的な引き金になるのは双方の利害の相違である。したがって、利害を調整することによってコンフリクトを避けようという提案が相手からなされるかもしれない。例えば、「分配」による解決策が提示されるような場合である。しかし、それではコンフリクトの解決にはならないことはすでに説明した。コンフリクトが現に存在していることを直視して、協調してその原因を探り、問題を共有しつつ、対話によって新しい解決策を探ろうとすることが重要である。

（2）ポジティブ・フレーミングを使うこと

　コンフリクト・マネジメントの第2のポイントは、ポジティブ・フレーミングを使うことである。

　よくいわれるように、たとえどのような深刻なコンフリクトに陥ったとしても、解決への道筋は必ずある。したがって、ほんのわずかな兆候であっても、それを合意への好機であるととらえて、そのチャンスを逃してはならない。そのためには、ポ

ジティブ・フレーミングを使って、相手との間で問題解決の機運を高める必要がある。

「交渉の現場での注意事項」でも説明したように、「フレーミング」とは、物事の視点や見方を規定している枠組みのことである。そして、相手との話し合いのあらゆる機会をとらえて、コンフリクトの解決に向けて事態が前進していることを相手に発信しつづけていくこと、それが「ポジティブ・フレーミング」である。

例えば、相手との話し合いがデッドロックに乗り上げてにっちもさっちもいかなくなり、決裂してしまいそうな場面でも、相手との話し合いを継続することを提案する。そうすることによって、少なくともその場での決裂は避けることができる。ポジティブ・フレーミングで、コンフリクト解消に向けて少しずつ進展していることを相手に伝えるのである。

人間は感情をもった動物であり、ちょっとした感情の起伏や雰囲気に左右されてコンフリクトが生じることもある。しかし、逆にいえば、ちょっとした発言やニュアンスに気を付けることによって、コンフリクトの状況を打開できるはずである。したがって、コンフリクトのときほどポジティブ・フレーミングを心掛けるべきである。そうすることによって、コンフリクトについての相手の感情や認知に良い影響を与えることができる。

さらにいえば、ポジティブ・フレーミングによって、コンフリクトの中で見えなかった解決の道筋を見つけだすことができる。そして、相手もそれに気がついて、お互いに納得できる解決策を探るためのプロセスをつくり出していくことができるよ

うになるはずである。

（3）解決を急がないこと

　第3は、コンフリクトの解決を急がないことである。

　すでに指摘したように、日本人は、「コンフリクト＝対立・決裂」という根強いイメージを持っている。コンフリクトとは、「和を乱す」ことなので、当然のことながら、対峙している相手に対しては冷ややかに対応することになる。また、相手と意見が対立したり、相手から反論を受けたりすると、それを自分に対する攻撃だと考えてしまう傾向もある。したがって、多くの場合、コンフリクトは不快な状態であり、一刻も早くそこから脱却したいと思う気持ちも理解できる。

　実際、誰しもコンフリクトに直面すれば、「とにかく一刻も早く解決したい」と思うかもしれない。しかし、コンフリクト状況から早く逃げ出したいと焦ると、単に表面的に問題を処理して終わってしまう。また、その場での単なる思いつきが、あたかも最終的な素晴らしいアイデアに見えてしまうものである。いわば安易な解決策に飛びついてしまうということだが、それではリーダーシップを発揮したことにはならない。

　単なる思いつきやアイデアでは、結局のところ、コンフリクトをさらに悪化させてしまうだけである。複雑に絡み合っているはずの利害の一部だけに着目して、安易に合意を形成するようなことは、たとえていえば、巨大な氷山の一部だけが見えているにもかかわらず、氷山は小さいと勝手に判断して、これを

避けずに船を運航するようなものである。その結末は明らかだろう。船は氷山に衝突して沈没するという最悪の事態を招くことになる。

▍(4) 相手に期待しないこと

　第4は、相手に期待しないことである。よくいわれるように、コンフリクトをエスカレートさせる原因は、相手にあるというよりもむしろ、自分自身が相手に対して持つ「暗黙の期待」にあることが多い。「暗黙の期待」とは、自分が相手に対して思い込んでいる勝手な期待あるいは要求のことである。

　例えば、相手の対応が不誠実に見えるときに不満が募るのは、「誠実に対応すべきだ」という相手に対する期待があるからであり、その期待が裏切られるから腹が立つのである。また、自分では素晴らしいと思う解決策を相手が認めようとしないときには、「愚かだ」とか「現実を知らない」といって批判的になる。それは、「合理的な内容の合意案を受け入れるべきだ」という相手に対する過剰な期待があるからである。さらに、非があるほうから謝罪すべきだとか、不合理な要求をすべきではないと言った相手に対する過剰な「期待」が裏切られると、人はますます不愉快になるものである。

　したがって、コンフリクトに対処するためには、相手に対して過剰な期待（あるいは自分では妥当だと思っている期待）を持たないことが重要である。

(5) 裏口のドアを開けておくこと

　第5のポイントは、常に裏口のドアを開けておくことである。

　とかくコンフリクトが激しい場面では、「相手との和解は不可能だ」と決めつけて、対処不能と思いがちになる。しかし、それではいつまでたってもコンフリクトを解消することはできない。たとえコンフリクトが解決不能の状態に陥った場合でも、相手との話し合いの余地を残しておくことが重要である。それを「常に裏口のドアを開けておく」という。

　深刻なコンフリクトを話し合いで解決できない場合には、例えば裁判に持ち込むこともあるかもしれない。そうなったときでも、判決が出るまで相手と徹底的に戦うと考えるのは、あまり賢い策とはいえない。現実の裁判では、徹底的に戦って白黒つけるというのではなく、「まだ話し合う余地があるのではないか」と裁判官から和解を勧められることも少なからずあるからである。

　仮に話し合いが決裂して、コンフリクトが解決不能で、修復の余地がないように見えても、和解に向けた何らかの糸口はどこかにあるはずである。ほんのわずかな合意への兆候を逃すことなく、和解の道を模索すべきだということである。例えば、相手と自分の立場を変えて考えてみるとか、コンフリクトの当事者ではなく第三者として見ると事態はどう見えるだろうかと考えてみることは重要である。そして、さまざまな解決の道筋を残しておくことがコンフリクト・マネジメントとして大切なことである。(➡コラム15)

コンフリクト・マネジメント戦略事例②
エジプト・イスラエル和平協定

コンフリクト状態にある両者の信頼関係をつくり出すためには、双方の「立場」の相違に着目するのではなく、お互いの「利益」が一致するところを見つけ出す作業が必要になる。

故ロジャー・フィッシャー教授は、著書『Getting to Yes』で、「交渉における基本的な問題は表面に出た立場の衝突にあるのではなく根底にある各当事者の要望、欲求、関心および懸念の衝突にある」として、1978年のキャンプ・デービッドでのエジプト・イスラエル和平協定のケースを次のように紹介している。

和平交渉の席で、エジプト領シナイ半島を占拠していたイスラエルはシナイ半島の一部を維持することを主張。エジプトはシナイ半島全域が返還されるべきだと主張して、両者のいい分は真っ向から対立した。

しかし、主張の背後にある「利害」に目を移したとき、解決への道が開かれた。イスラエルの最大の関心は「国家の安全」にあり、エジプトの最大の関心は「土地の主権」にあることがわかった。そこで、米国は「シナイ半島をすべてエジプトの主権下に戻すが、広範囲の非武装化によりイスラエルの安全を確保する」という提案を示し、イスラエル・エジプト両国は合意に達することができた。

領有権争い（立場）から、非武装中立地帯（利益）へと転換をした結果、双方の利益を同時に満足させる創造的な解決策を見つけることができたということである。

キューバ危機とケネディ大統領のコンフリクト・マネジメント

　ここで、コンフリクト・マネジメントの典型的な事例を紹介しよう。それは、今から約60年前に起きた「キューバ危機」に対する米ソ首脳の対応である。

　1962年10月、米国の喉元に位置する国キューバで、ソ連が核ミサイル基地の建設を始めたことが明らかになった。米国は、これに対して、空爆によるミサイル基地攻撃か、それとも海上封鎖という対抗措置を取りつつ話し合いによる解決を図るかの選択を迫られた。「キューバ危機」と呼ばれる米ソ間の深刻なコンフリクトが生じたのである。

　当時、世界は米国を中心とする西側の「自由な資本主義経済圏」とソ連を中心とする東側の「共産主義的計画経済圏」に二分されていた。軍事力による世界規模の戦争こそ行われてはいなかったが、東西両陣営は深刻な対立という「冷たい戦争」（冷戦）の真っただ中にあった。したがって、キューバ危機への対処を誤れば、それが引き金となって、第三次世界大戦が勃発することが懸念された。

　しかし、当時の米国のケネディ大統領と、ソ連のフルシチョフ首相の交渉の結果、悲惨な状況が起きる直前で、事態は収拾された。米ソ首脳によるコンフリクト・マネジメントが功を奏したのである。

　コンフリクト・マネジメントでは相手の立場に立ってみることが重要である。

　当時、米国の戦略決定を担ったのは、国家安全保障会議執行

委員会（＊3）と呼ばれる組織だった。その組織の会議の様子は、ケネディ大統領の弟で当時司法長官だったロバート・ケネディ著『13日間―キューバ危機回顧録』（＊4）で詳しく知ることができるが、重要なことは「対話」の重要性が幾度となく言及されていることである。

「（会合では）だれ一人、最初から最後まで自説に固執したものはいなかった。……われわれはみんな対等の立場で発言した。階級はなかった。……発言は全く自由かつ無制限だった。みんな平等に発言の機会が与えられ、その発言は直接、みんなの耳に入った。これは途方もなく大きな利益をもたらすやり方だった。」

「われわれが語り合い、議論し、意見が一致せず、さらにもう少し議論ができたからこそ、結局はあのような道を選べたのである。……（大統領が）多くの個人や政府機関の勧告や意見、多くの見解に耳を傾けることがどんなに重要かは、この危機におけるわれわれの協議で決定的に証明されたと思う。意見というものは、対立と討論によって最もよく判断される。……全員の意見が一致しているときは、重要な要素が欠けているのである。」

＊3 【国家安全保障会議執行委員会】Executive Committee of the National Security Council。通称「エクス・コム」と呼ばれる。

＊4 『13日間―キューバ危機回顧録』（中公文庫）ロバート・ケネディ（著）、毎日新聞社外信部（訳）（中央公論新社、改版2014年）。

また、権力と地位を持つリーダーと「対話」については次のような記述がある。

> 「議論を押さえることのないように、……大統領は、われわれの委員会のすべての会議に顔を出さないことを決めた。これは賢明だった。大統領が出席しているときには、それぞれの人柄が変わり、強い個性の人物ですら大統領の耳に心地が良いと思われる土台の上に勧告を組み立てることもしばしばあった（からである）。」

　ロバート・ケネディは、「キューバ危機の究極的な教訓は、われわれ自身が他国の靴を履いてみる、つまり相手国の立場になってみることの重要さである」と書いている。コンフリクト・マネジメントでは、相手の靴を履いてみる、つまり〝相手の立場に立ってみることが重要〞だということである。

第 7 章

新たなリーダーシップの時代へ

── 説得力とオーセンティック・リーダーシップ

ニューノーマル（新常態）と日本の対応

　2019年冬に中国から始まった新型コロナウイルス禍は社会を大きく変容させた。人々は混雑した人込みを避け、直接的な接触を避け、密閉した空間を避けるようになった。「三密」と呼ばれる。通勤電車を避けるために出社せずに、自宅や自宅近くに居ながらにして仕事ができるようになった。教育現場では、リモート授業が行われるようになり、それが当たり前になった。ニューノーマル（新常態）が出現したのである。

　新しい時代の変化に対する日本社会の動きは遅々としている。日本人は危機感を持つことなく、現状に甘んじて変化を嫌い、現状の制度や社会システムにしがみついているといわれる。水の中のカエルが、水が熱せられて徐々に湯に変わっていくことも知らずにそのまま動かず、やがて茹でガエルになってしまうという話が、日本社会を揶揄する例としてよく紹介される。チーズをたくさん貯め込んで現状に満足しているネズミ（日本）と、そういう状況下でも新たにチーズを探しに出かけるネズミ（海外）を対比する寓話も、同じような文脈で語られている。歴史を遡ると、日本は明治維新、敗戦、石油ショック、リーマンショックなどのさまざまな危機を、日本人の知恵と努力で乗り越えてきた。しかし、VUCAの時代の新たな危機は、過去の成功体験では乗り越えることができない。新しい時代の危機に対しては、新しいリーダーシップが必要なのである。

1 説得力のリーダーシップ

説得とは何か

　新しい時代に必要なリーダーシップとは何か。それは、傾聴力、対話力、交渉力に加えて、相手を説得し、納得してもらう力（すなわち「説得力」）である。前章で紹介した「コンフリクト・マネジメント」では、説得力が極めて重要になる。

　世界でもっとも有名な経済学者の一人であるJ・M・ケインズは、今から90年ほど前に出版した本（『説得評論集』）の「はしがき」で、「説得の精神によって、……読者を納得させる」ことが目的であると書いているが、まさに相手を説得し、納得してもらうことは極めて重要なことである。

　では、「説得」とは何か。「説得」とは、コンフリクト状態のときでも、そうでないときでも、強制的にではなく、自分の考えや判断を相手に受け入れてもらうことである。つまり、相手に納得してもらい、自分の考えや判断に快く同意してもらうことである。そして、「説得力」はリーダーシップにとって必要不可欠な要素でもある。

説得のための「レトリックの三原則」

　当たり前のことだが、説得は言葉で行う。言葉で行う説得を

「レトリック」という。

　しかし、1つ注意が必要である。それは、日本では「レトリック」という言葉が否定的な意味で使われることがあることである。例えば、「彼のレトリックにだまされた」というように、実質を伴わない言葉として使われる。

　しかし、レトリックという言葉の語源を調べてみると、そのような使い方が誤りであることがわかる。レトリックという言葉は、ギリシア語の「レートリーケ」で、これは「効果的な言葉づかい」を意味しているからである。つまり、レトリックは決して否定的な言葉ではないということであり、日本語では通常は「修辞法」「修辞学」などの訳語が当てられている。

　実際、『ブリタニカ国際大百科事典』によれば、ギリシア・ローマでは「レトリック」は「言葉の文化」の要として位置づけられ、古代の人文教育の中枢的位置を占めていた。そして、古代ギリシアの哲学者アリストテレスは『弁論術』の冒頭で、「言葉による弁論」について次のように指摘している。

　　「同じ自分の身を守ることができないというのでも、身体を使ってそれができないのは恥ずべきことであるのに、言論を用いてできないのは恥ずべきでないとしたら、これはおかしなことである。何しろ、言論を用いることこそ、身体を使用すること以上に人間に特有なことなのだから。」[*1]

＊1　『アリストテレス「弁論術」』アリストテレス（著）、戸塚七郎（訳）、（岩波文庫）（岩波書店、1992 年）。p.29。

3つの「説得」

① 「論者の人柄にかかる説得」
② 「言論に導かれて聴き手の心がある感情を抱くようになる状態に置かれることによる説得」
③ 「言論そのものによる説得」

信頼

共感

論理

　これを、「説得」という文脈で言い換えれば、言葉によって相手を説得し納得してもらうことは、リーダーシップにとって欠かせないということになる。

　さらに、アリストテレスによれば、言論を通して得られる「説得」には以下の3つの種類がある。

① 「論者の人柄にかかる説得」
② 「言論に導かれて聴き手の心がある感情を抱くようになる状態に置かれることによる説得」
③ 「言論そのものによる説得」

　わかりやすく言い換えれば、「信頼」「共感」「論理」によって、相手を説得することができるということである。

そして、アリストテレスは、とりわけ、「論者の人柄による説得」（信頼）は重要だとして次のように指摘している。

「『人柄によって』というのは、論者を信頼に値する人物と判断させるように言論が語られる場合である。論者の人柄は最も強力といってよいほどの説得力を持っている。」(＊2)

以上をまとめると、「レトリック」とは、相手と価値理解を共有し、常に肯定的な姿勢で議論に臨み、言葉によって相手を説得するための方法である。そして、その際にリーダーシップを発揮するためには、「信頼」・「共感」・「論理」が必要不可欠であるということである。

バラク・オバマ氏の有名な演説

アリストテレスの時代から2300年以上経った2004年7月27日、米国マサチューセッツ州ボストンで開催された民主党全国大会で、一人の黒人男性が壇上に立って次のような演説を行った。

「私は、ケニア人の父とカンザス州出身の白人の母がハワイ大学で出会って生まれた。比較的恵まれた環境に育ったが、奴隷として米国に渡った人たちと同じルーツを持つ。

＊2　『アリストテレス「弁論術」』アリストテレス（著）、戸塚七郎（訳）、（岩波文庫）（岩波書店、1992年）。p.32～33。

すべての人は自由と幸福を追求する権利を持つこの国・米国で、私はコロンビア大学とハーバード大学で学び、弁護士、イリノイ州議会上院議員という現在がある。米国はすばらしい国だ。リベラルも保守も、黒人も白人も、ヒスパニックもアジア系もみな同じ米国国民だ。イラク戦争に反対した人も支持した人も、米国という国に忠誠を誓う『米国人』だ。」

　会場に集まった人々は熱狂した。その模様はテレビ中継され、彼の名は一躍全米にとどろいた。多くの人々を魅了し説得した人の名は、バラク・オバマ。彼は、4年後の2008年11月に行われた米国大統領選挙で勝利し、第44代大統領に就任した。

パブリック・ナラティブとは

　ハーバード大学のマーシャル・ガンツ教授は、あるインタビューの中で、オバマ大統領は、最初の7分間でオバマ自身のストーリー、聞いているわれわれの側のストーリー、そして人々を取り巻く現在の状況を語ったと指摘している。自分の生まれ育った環境や生い立ち、自分が何を考えているのかを語ることを「ストーリー・オブ・セルフ」という。また、一緒に行動・活動することの意義を語ることを、「ストーリー・オブ・アス」という。そして、今なぜそうすることが必要なのかを語ることを「ストーリー・オブ・ナウ」という。そして、「セルフ」を語り、「アス」を語り、「ナウ」を語ることを「パブリック・ナ

ラティブ」（Public Narrative）と呼ぶ。

　人間が生まれ育った環境は与えられたものであり、自らそれを変えることはできないが、それについて語ることはできる。また、人間は家族や組織の中で他の人々と共に、今を生きている。それを真摯に語ることによって、自らの姿を伝えるとともに、自らの思いを相手に伝えることができる。自らの「セルフ」「アス」「ナウ」を語ることによって、相手の心が開かれる。そして、言葉による説得で相手に納得してもらえるようになる。

　「パブリック・ナラティブ」は「説得力」のための必要不可欠な要素である。

2 説得力とリーダーシップ

「技術的問題」と「適応型課題」

　世界は変化し続けている。さまざまな技術革新と情報技術の急進展によって世界はより急速に変化しつつある。新型コロナ禍やロシアによるウクライナ軍事侵攻など、数年前には想像もしなかったようなことが現実に起きている。長引いたデフレーション（デフレ）と急速に顕在化しつつあるインフレーション（インフレ）、あるいは急激な円高や円安が日本経済を翻弄している。日本は幕末の開国、太平洋戦争での敗戦以来の危機を迎えているといっていいかもしれない。

　このような時代に求められることは、今起きているさまざまな問題あるいは課題がどのようなものであるかを見極めることである。問題や課題に場当たり的に対応しているようでは、いつまでたっても問題や課題を解決することはできそうにない。問題や課題を明確にとらえることによってはじめて、その解決方法を見つけることができるようになるはずである。したがって、今リーダーシップとして求められることの重要な1つは、問題や課題を識別する能力ということになる。

　ハーバード大学のR.ハイフェッツ教授（➡p.18参照）によれば、組織が直面するすべてのことがらは「技術的問題」（Technical Problems）と「適応型課題」（Adaptive Challenges）に大別する

ことができる。ここで、「問題」とは、あるべき姿と現状のギャップのことであり、「課題」とは解決していくために具体的に取り組むべきことである。すでに指摘したように、「リーダーシップ」とは、さまざまな課題に対する解決策を対話によって引き出す力である。したがって、目の前で生起して対処すべきことがらを「技術的問題」と「適応型課題」に分けて考え、そしてそれに対処することがリーダーシップにとって欠かせない能力ということになる。リーダーシップに必要な要素も変化しているということである。

　ハイフェッツ教授はまた、多くの組織が失敗する最大の原因は、「技術的問題」と「適応型課題」を区別せずに対処しようとすることにあると指摘している。つまり、それが「適応型課題」であるにもかかわらず、あたかも「技術的問題」であるかのように対処してしまう結果として、解決不能に陥ってしまうということである（＊3）。

マネジメント領域の問題とリーダーシップ領域の問題

　ここで、「技術的問題」と「適応型課題」の違いをわかりやすく説明しよう。

　まず、「技術的問題」とは、複雑で重要な場合もあるが、何が（そしてどこが）問題なのか明確に特定することができるこ

＊3　『最難関のリーダーシップ ── 変革をやり遂げる意志とスキル』ロナルド・A・ハイフェッツ：マーティ・リンスキー：アレクサンダー・グラショウ（著）、水上雅人（訳）（英治出版、2017 年）。

とがらであり、すでに明確な解決法も用意されている。したがっ
て、技術的問題を特定して解決することは、主として権威を持
つリーダーに委ねられる。

　組織の中の複数の人が、自分たちが望んでいることをやって
くれるはずだという期待と前提をもとに付与されるものが「権
威」である。組織のメンバーはその「権威」を付与された人物
（リーダー）が、問題に対する解決策を迅速に提供することを
要求し、優れたリーダーはリーダーシップを発揮して、問題解
決を図ることができる。つまり、「技術的問題」とはリーダー
が解決可能な問題であり、いわば「マネジメント領域」の問題
である。

　それに対して「適応型課題」とは、何が（そしてどこが）問
題なのかを明確に特定することができないことがらである。例
えば、同時多発テロや世界的な景気低迷、そして世界で猛威を
振るうパンデミックなどのようなことである。問題の所在は明
確ではなく、最適な解決策も用意されていない。つまり、「適
応型課題」とは、対処が極めて難しい問題であり、権威を持つ
人（リーダー）や権威ある専門家だけでは対処できないことが
らである。

「適応型課題」に必要なアダプティブ・リーダーシップ

　では、「適応型課題」にどう対処すればいいのか。まずは、
現在蓄積されているさまざまなノウハウ、人々の信念や習慣な
どを根本から考え直すことである。なぜなら、従来の手法では

「適応型課題」には対処できないからである。「適応型課題」については、従来の考え方や対処法をすべて捨て去って、新しい形で臨機応変に対応することが必要である。

　ここで、「新しい形」とは、「適応型課題」を特定して解決法を導き出すための作業をリーダーに委ねるのではなく、その課題に関係する当事者たちが中心になって行うということである。そして、当事者たちがリーダーシップを発揮して、課題解決に向けて必要なことと、さほど必要でないことを選り分けて、課題に対する解決策を模索するのである。この意味で、適応型課題とは「リーダーシップ領域」の課題であり、このような作業のために必要な能力を「アダプティブ・リーダーシップ」という。

オーガナイジングとアダプティブ・リーダーシップ

　アダプティブ・リーダーシップにとって重要なことの1つは、相手との「オーガナイジング（関係構築）」（Organizing）である。なぜなら、繰り返しになるが、アダプティブ・リーダーシップとは、その課題に関係する当事者たちが中心になって発揮すべき能力だからである。

　「オーガナイジング」とは何か。それは、コーチングやコンサルティングとの違いを考えると理解しやすい。すでに説明したように、コーチングとは、コーチが依頼人に質問し、依頼人が自ら考えて答えを見つけることである。また、コンサルティングとは、依頼を受けたコンサルタントが考えて、その答えを

依頼人に伝えることである。それに対して、「オーガナイジング」とは、関係するすべての人が相互にオーガナイザー（Organizer）として、相手の考えを引き出すための質問をし、相手が関心を持つような対話を行うことによって成立するものである。

　今、ビジネスの現場では、さまざまな場面で物事を取りまとめる人を「オーガナイザー」と呼んでいる。例えば、企業などの組織の「オーガナイザー」は会長や社長などであり、イベントの主催者は「イベントオーガナイザー」と呼ばれる。また、職場でプロジェクトリーダーも「オーガナイザー」である。しかし、今やすべての人が「オーガナイザー」として、アダプティブ・リーダーシップを発揮することが求められる時代になっている。

　オーガナイザーに求められることは、リーダーシップ基礎力、すなわち、「傾聴力」、「対話力」、「交渉力」、「説得力」である。そのすべての基本に対話がある。対話によって相手の価値観や関心を知り、相手は何ができる人かを知ることができる。そのためには、自らを動かす価値観と、その価値観のもとになった経験を自らが語ることである。前述した「パブリック・ナラティブ」であり、それによって自分を理解してもらい、相手に興味を持ってもらうことができる。

　さらに、自らを語ることは、自分自身にとって大事な価値観を見つめなおすきっかけにもなる。そして同時に、「自己開示の返報性」によって、相手が自ら語ることを誘発することができる。そうすることによって、お互いの価値観や関心をより深く理解できるようになる。

　では、どのようにすればアダプティブ・リーダーシップを実践することができるだろうか。そんな疑問が浮かぶかもしれない。そこで、以下ではアダプティブ・リーダーシップを実践する際に必要な「観察」「解釈」「活動」という3つのプロセスを頭に入れておくことを提案したい。

　「観察」とは、問題や課題について、急がず、時間をかけて、全体を俯瞰することである。ハーバード大学のハイフェッツ教授がいうように、課題を「バルコニーから見る」ということである。人はとかく「木を見て森を見ない」といわれる。身近に見えることにとらわれて、全体を見渡すことができないたとえである。昆虫の眼ではなく、鳥になって大空から森全体を眺めることも時には必要である。そうすることによって、それまで見えなかったさまざまなことが見えるようになる。

　「解釈」とは、それが「技術的問題」なのか、それとも「適応型課題」なのかを見極めることである。つまり、権力や地位などのリーダーが解決できる問題なのか、それとも関係する人たちのリーダーシップによる解決を必要とする問題なのかを判断するのである。さらにいえば、個人的な問題なのかシステム全体の問題なのか、あるいは穏便な課題なのか対立的課題なのかを判断し、解釈するのである。

　そして、「活動」とは、組織全体が課題解決に向けて動けるような解決方法を考えることである。そのためには、単独で進めることなく、オーガナイザーとして組織構成員との関係構築

を図ることが重要であることはいうまでもない。

オーセンティック・リーダーシップの時代

　最後に最新のリーダーシップ論について紹介しておこう。

　世の中の移り変わりとともに、リーダーシップについての考え方も変化していることはすでに指摘した。かつては、権威ある立場にあるリーダーが持つべき能力としてのリーダーシップ（すなわち、権威型リーダーシップ）が考えられていたが、世界規模でさまざまな複雑な問題が起きてきている結果、アダプティブ・リーダーシップの重要性が語られるようになった。

　そして今、ハーバード大学では、さらに新しいリーダーシップ論が展開されるようになっている。それは、「オーセンティック・リーダーシップ」である。オーセンティック（authentic）とは、「本物の」とか「信頼できる」という意味で使われる言葉だが、ここでは「コピーではない」「あるいはステレオタイプではない」というように解釈するとわかりやすい。つまり「オーセンティック・リーダーシップ」とは、「傾聴力」、「対話力」、「交渉力」、「説得力」を「自分らしく発揮する力」ということである。

　羊の群れを観察したある研究によれば、羊たちは時々刻々と入れ替わってリーダーとなり、群れとして行動しているという（＊4）。そうすることによって、群れに対する危険をいち早く察

＊4　〝羊の断続的な集団運動は、リーダーとフォロワーの役割を交互に行うことから生じる〟（『nature physics』2022年）参考。

知したり、群れ全体がより豊かな牧草地に移動できたりするようになる。なぜそのようなことが起きるかといえば、それは、さまざまな羊がリーダーシップを発揮することによって「集団知性」が生まれて、群れ全体が賢くなるからだという。

　人間社会でも、VUCA（ブーカ）の時代といわれる今、自然現象にしても、国際政治にしても、これまでは考えもしなかったような「想定外」の出来事が頻発している。そして、想定外の出来事は極めて複雑であり、すべてが異なっている。そのような複雑な「適応型課題」に対しては、権威型リーダーシップはもちろんのこと、アダプティブ・リーダーシップでも対応が難しいかもしれない。

　ではどうすればいいのだろうか。それは、さまざまな個性を持った人間が集まるチーム、あるいは組織の中でオーセンティック・リーダーシップを発揮することである。そうすることによって集団知性を生みだすことができ、さまざまな問題や課題に対する適切で賢い解決策を見いだすことが期待されている。日本も「オーセンティック・リーダーシップ」の時代を迎えている。

おわりに

　従来のリーダーシップ教育の多くは、リーダー中心の考え方に基づいたアプローチをとっていた。つまり、リーダーに必要とされると想定される特定の資質の開発に重点が置かれていた。このようなアプローチは、個人の能力を高めるという点では有効ではあるが、同時に自己開発や自己認識力向上という個人面に注力しすぎる可能性がある。いい換えると、自己中心的思考のリーダーシップを強化しすぎてしまう懸念がある。

　現在、わたしたちが直面している重要な課題の多くは、複雑で相互に絡み合っていて、唯一無二の処方箋など存在しない。したがって、特定の一個人の能力に依存した自己中心的なリーダーシップ教育だけでは、明らかに不十分である。リーダーを含めた組織の構成員すべてのためのリーダーシップ教育が求められているのである。

　本書で詳しく説明したように、リーダーシップとは「複数人の交流により生じる影響力」であり、組織あるいは集団として行う「意思決定のプロセス」として発揮される。したがって、リーダーシップ教育では、複数人による対話やコミュニケーションを通して、互いの影響力を理解する力を養うことが必要である。そして、すべての人が、深い相互理解に基づいて組織全体の協力関係を強化することに貢献できる力を育成できるようなリーダーシップ教育の機会を提供することが重要となる。

　日本社会は今後もグローバル化が進み、世界と密接につながっていく。したがって、複雑度の高い課題は多くなることは

あっても、なくなることはないと考えたほうがいい。そうだとすれば、自ら課題を見つけ出し、唯一の正解はないような「適応型課題」をも解決していくことのできる複雑度の高い思考力を有する人材を一人でも多く育てていくことが必要である。

そのためには、暗記重視の教育から脱却し、学習意欲を高め実社会で役立つ実践的な学習を促す発達型の教育が必要である。

さらにいえば、成人になっても意識・認知を高め、「適応型課題」について学び、複雑度の高い思考が可能となるようなリーダーシップ教育を行うことが重要である。本書が、その一助になることができれば、これにすぎる喜びはない。

本書は、さまざまな方々のご助力をいただいて出来上がっている。

「はじめに」に書いたように、本書は慶應義塾大学で行っている「リーダーシップ基礎」での授業をもとにつくられている。学生は真剣に講義に参加し、さまざまなケースを題材に、「対話」を通してリーダーシップの4つの基礎力について学んでくれた。また、高校生たちにも教える機会があり、その際に授業が終了したあと、いろいろな質問を寄せてくれた。彼らとの話し合いは私にとって新鮮であり、とても楽しいひと時であると同時に、本書をよりわかりやすくするためのヒントを多数得ることができた。まずは、これらの大学生と高校生たちに感謝したい。

次に、隅田浩司先生（東京富士大学経営学部経営学科教授）、渡邊 竜 介先生（サンディエゴ大学講師）、渡邊理佐子先生

（Watanabe & Associates, Founder）からは、慶應義塾での科目である「リーダーシップ基礎」の実現に当たって内容面で多くの示唆をいただいた。また、鈴木義幸氏、福原正大先生、杉田一真先生、古山彰氏、富岡洋平氏、鎌田華乃子氏、松澤桂子氏、安谷屋貴子氏、下川祐佳氏、小林忠広氏には、「リーダーシップ基礎」の講義・運営に際して甚大なご協力をいただいた。

さらに、田上由紀子さん（交渉学協会研究員）と廣瀬翔太郎君（慶應義塾大学大学院法学研究科後期博士課程）には、本書の原稿を読んでいただき、的確かつ有用なコメントをいただくとともに、校正時にも大変お世話になった。

最後になってしまったが、東京書籍㈱の元出版事業本部長の内田宏壽氏と堀岡編集事務所の堀岡治男氏には、前著（『リーダーシップを鍛える対話学のすゝめ』）と同様に、本書の企画から構成にいたるまで多大なるご尽力をいただいた。お二人がいなければ本書を完成させることはできなかったといっても過言ではない。

以上すべての方々に、深く御礼を申し上げたい。

2023 年 2 月　田村次朗

【著者紹介】

田村 次朗 (たむら じろう)

慶應義塾大学法学部教授。慶應義塾大学法学部卒、ハーバード・ロースクール修士課程修了、慶應義塾大学大学院法学研究科博士課程単位取得退学、弁護士。専門は、経済法、国際経済法、交渉学。現在、ハーバード大学国際交渉学プログラム・インターナショナル・アカデミック・アドバイザー、ホワイト＆ケース法律事務所特別顧問、日本説得交渉学会会長、交渉学協会理事長、社会実学研究所所長なども務める。

【主な著書】

『リーダーシップを鍛える「対話学」のすゝめ』（東京書籍）、『16歳からの交渉力』（実務教育出版）、『戦略的交渉入門』（共著、日本経済新聞出版）、『ハーバード×慶應流 交渉学入門』（中央公論新社）、『独占禁止法（第6版）』（共著、弘文堂）、『WTO ガイドブック（第2版）』（弘文堂）ほか。

装丁　　　長谷川 理
イラスト　後藤 知江
編集協力　堀岡 治男
編集　　内田 宏壽

「リーダーシップ基礎」入門
——傾聴力・対話力・交渉力・説得力を鍛える！

2023 年 3 月 10 日　　第 1 刷発行

著　　者　　田村 次朗
発 行 者　　渡辺能理夫
発 行 所　　東京書籍株式会社
　　　　　　　東京都北区堀船 2-17-1　〒 114-8524
　　　　　　　電話　03（5390）7531（営業）
　　　　　　　　　　03（5390）7526（編集）
印刷・製本　図書印刷株式会社